K.100

Martin Schulte-Kellinghaus • Erich Spiegelhalter • Andreas Drouve

AUF DEM JAKOBSWEG

FLECHSIG

Martin Schulte-Kellinghaus • Erich Spiegelhalter • Andreas Drouve

AUF DEM JAKOBSWEG

Inhalt

Umschlag vorne:
Der Jakobsweg in Galicien führt durch viele winzige Dörfer, wie hier in Ramil vor Triacastela.

Umschlag hinten:
Das Ziel der Sehnsucht aller Pilger: die Kathedrale von Santiago de Compostela, im äußersten Nordwesten Spaniens gelegen, vor 1000 Jahren das Ende der Welt.

Seite 6/7:
Unterwegs auf dem Camino Francés in der Nähe von Santo Domingo de la Calzada im Westen von La Rioja.

Seite 8/9:
Navarra gehört heute zu den reichsten Regionen Spaniens, die Landwirtschaft ist ein wichtiger Erwerbszweig. Vom 735 Meter hohen Alto del Perdón reicht die Aussicht nach Norden weit in die Ebene von Pamplona.

Die romanische Brücke über den Río Arga in Puente la Reina ist eines der berühmtesten Bauwerke am Camino. Hier vereinigen sich der Camino Aragonés und der Camino Francés.

Unterwegs im Zeichen der Muschel – der Jakobsweg

Die Kette legendärer Geschehnisse, die letztlich zum Phänomen der Jakobusbewegung führten, begann im Jahre 44 n. Chr. im fernen Jerusalem. Folgt man der Bibel, ließ König Herodes Agrippa I. den Apostel Jakobus den Älteren mit dem Schwert hinrichten, doch danach verliert sich die Spur. Was geschah mit dem Leichnam des treuen Gefolgsmannes Christi? Mangels historischer Quellen setzt an dieser Stelle ein Erzählgeflecht ein, das allerdings erst im Mittelalter erblühte und die Hergänge rekonstruierte und ausschmückte. Laut gängigen Überlieferungen schafften zwei Jünger des Heiligen, Theodorus und Athanasius, Kopf und Körper des Enthaupteten heimlich an die Mittelmeerküste. Dort bestiegen sie ein herrenloses Boot, legten ab und vertrauten der Vorsehung Gottes. Nach langen Tagen auf See erreichten sie in Spaniens Nordwesten die Küste Galiciens und gingen in einem Ort namens Iria Flavia an Land. Ihre Absicht war, ihrem Herrn eine würdige letzte Ruhe zu geben. Im Inland fanden sie nach allerlei Verwicklungen einen geeigneten Platz in einem Wald, dort, wo die Ochsen des Karrens, auf den sie den Toten geladen hatten, plötzlich Halt machten. Inmitten der Einsamkeit bestatteten sie Jakobus. Das Grabmal, so sagt man, war den Dorfbewohnern der Umgebung bekannt, aber die Stätte geriet allmählich in Vergessenheit. Jahre, Jahrzehnte, Jahrhunderte zogen ins Land. Alanen und Sweben fielen in Spanien ein, die Westgoten und schließlich, im Jahre 711, die Mauren, mit denen sich der Islam über weite Teile des Landes ausbreitete. Gegenstrom war die aufkeimende Reconquista, Spaniens „Rückeroberung“ im Zeichen des Kreuzes. In

Linke Seite:
Die Jakobsmuschel, die zum Symbol des Pilgerweges in ganz Europa geworden ist, findet sich als Wegzeichen überall, wie hier bei Melide in Galicien.

Ursprünglich hatten Pilger die Jakobsmuschel aus Santiago als Nachweis ihrer Pilgerschaft mit nach Hause gebracht. Heute starten viele schon mit diesem „Pilgerausweis“, oft gut sichtbar am Rucksack angebracht.

diese Ära fiel die wundersame Wiederentdeckung des Jakobusgrabes, die, zieht man kritische Stimmen heran, so wundersam nicht war. Um das Jahr 830, weiß die Legende, wurde einem Einsiedler namens Pelayo Sternenglanz über einem abgeschiedenen Waldstück gewahr. Er benachrichtigte Bischof Theodemir, der persönlich die rätselhaften Lichtphänomene verfolgte, in den Forst hineinging und die Grabstätte des Heiligen fand. In Windeseile bestätigten Klerus und Königshaus die Authentizität der Gebeine. – Oder hatten sie das Ganze erdichtet, um durch das göttliche Zeichen des Grabfundes den Kampf gegen die Mauren zu beflügeln und den Islam zu besiegen? Fest steht, dass Jakobus zum Schutzheiligen der Reconquista aufstieg und die Kunde des Mirakels nach ganz Europa übersprang. Hinzu kam ein weiteres Wunder in Spanien, bei dem Jakobus den christlichen Truppen Mitte des 9. Jahrhunderts bei der Schlacht von Clavijo als Schwert schwingender Schlächter – Santiago Matamoros, „Jakobus Maurentöter" – zu Hilfe eilte und die Glaubensfeinde besiegte. Es dauerte nicht lange, bis sich erste Pilgerzüge aus nah und fern nach Galicien in Bewegung setzten. Der Jakobsweg, spanisch: Camino de Santiago, war geboren.

Hunderttausende auf dem Weg zu „Jakobus vom Sternenfeld"

Ziel aller Jakobspilger war eine neue Stadt, die man Santiago de Compostela nannte, „heiliger Jakobus vom Sternenfeld". Auf einen ersten Kirchenbau, in dem die Gläubigen des Heiligen Reliquien verehrten, folgte 997 die Zerstörung durch die Mauren unter Almanzor; das Jakobusgrab ließ der Feldherr laut Legende unangetastet. Ab 1075 wurde die Basilika erbaut, 1120 stieg Santiago de Compostela zum Erzbischofssitz auf, die Wallfahrten nahmen zu. Auf dem Höhepunkt der Bewegung im Hochmittelalter könnten, so schätzen Historiker, mehrere hunderttausend Pilger pro Jahr zu Fuß und zu Pferde auf dem Jakobsweg unterwegs gewesen sein. Zusammen mit Rom und Jerusalem stand Santiago de Compostela auf der höchsten Stufe der christlichen Wallfahrtsziele, immer neue Wunder machten die Runde. „Blinde bekommen ihr Augenlicht zurück, bei Stummen löst sich die Zunge, Tauben öffnet sich das Gehör, Lahme bewegen sich wieder frei", machte im 12. Jahrhundert der Codex

Linke Seite:
Die Beschaffenheit des Weges bietet alle Varianten, vom breit angelegten Weg neben der Schnellstraße bis zum schlammigen Fußpfad, wie hier bei Viana in Navarra.

Wanderführer, die Tagesetappen von 30 Kilometern oder mehr angeben, sind mit großer Vorsicht zu genießen. Wichtig ist es, sich nicht zu überfordern und Zeit für Pausen zu nehmen, um sich zu erholen und dann gestärkt weiterwandern zu können.

Calixtinus Glauben, ein Sammelwerk zum Jakobuskult. Verbindendes Zeichen der Pilger war von Beginn an die Schale der Jakobsmuschel, die man im atlantiknahen Santiago de Compostela zum Zeichen der Ankunft erhielt. Breit gestreut wie die Herkunft der Pilger waren die Motive des Aufbruchs. Nicht jeder war von christlichen Idealen beseelt und ging den Jakobsweg im Sinne von Bitt- und Bußwallfahrten an. Verbrecher wurden zu Strafpilgerfahrten verurteilt, gut bezahlte Stellvertreterpilger begaben sich für angesehene Auftraggeber auf den Weg, ganze Familien verließen unter dem Vorwand der Pilgerschaft ihre Scholle und bauten sich in der Fremde am Jakobsweg, begünstigt durch Privilegien, ein neues, besseres Leben auf. Unterwegs war außerdem übles Gesindel, das sich zu Banden zusammenrottete, arglose Pilger auf einsamen Passagen gewaltsam um ihre Habe brachte und sogar vor Mord nicht zurückschreckte.

Netzwerk der Wege

Im Zuge der Zuströme kristallisierte sich ein Netzwerk an Wegen heraus, das sich über Europa legte und Rheinländer ebenso an die großen Zubringerrouten anbinden ließ wie Pilger aus Schwaben, Bayern und Burgund. Bedeutsam waren die Hauptachsen durch Frankreich mit ihren Sammel- und Bündelungspunkten, die der um 1120 verfasste Codex Calixtinus festhielt: „Vier Wege sind es, die nach Santiago führen und die sich in Puente la Reina, auf spanischem Boden, zu einem einzigen vereinen. Der erste führt über Saint-Gilles, Montpellier und den Somport-Pass; der zweite über Notre-Dame von Le Puy-en-Velay, Sainte-Foy von Conques und Saint-Pierre von Moissac; der dritte über Sainte-Marie-Madeleine von Vézelay, Saint-Léonard von Limoges und die Stadt Périgueux; und der vierte über Saint-Martin von Tours, Saint-Hilaire von Poitiers, Saint-Jean d'Angély, Saint-Eutrope von Saintes und die Stadt Bordeaux. Die Routen von Sainte-Foy, Saint-Léonard von Limoges und Saint-Martin von Tours vereinigen sich in Ostabat und treffen hinter dem Pass von Cize in Puente la Reina auf jene Route, die über den Somport-Pass geführt hat, und bilden von dort aus einen einzigen Weg bis Santiago." Im bedeutendsten deutschen Pilgerbericht

Linke Seite:
Seit den 80er Jahren ist der gelbe Pfeil die „traditionelle" Markierung auf dem Camino. Manche Gemeinde hat diese mit Schildern ergänzt.

Vor der Herberge in Sahagún wird man von einem modernen Blech-Pilger empfangen.

„Die walfart und Straß zu sant Jacob" sprach Hermann Künig van Vach 1495 in gröberer Zweiteilung von der „Oberstraße" über Luzern und Toulouse sowie der „Niederstraße" über Aachen, Paris, Tours und Bordeaux. Eine gewisse Rolle spielten überdies die Bootspilgerfahrten, die für Engländer, Iren, Norddeutsche und Skandinavier in verschiedenen Atlantikhäfen Frankreichs und Spaniens endeten. Wer im galicischen Hafen von La Coruña von Bord ging, hatte lediglich 74 Kilometer bis Santiago de Compostela vor sich. Der Klassiker indes war und ist der Inlandsweg über die Pyrenäen, wobei man heute den Französischen Weg über den Pass von Ibañeta (1057 Meter) und den Aragonesischen Weg über den Pass von Somport (1640 Meter) unterscheidet. Die Wege vereinen sich, wie bereits im Codex Calixtinus erwähnt, in Puente la Reina. Ab dort ist es ein einziger Strang, der über Logroño, Burgos und León knapp 700 Kilometer weiterführt bis zum Sehnsuchtsziel Santiago de Compostela.

Niedergang und Wiedergeburt der Jakobus-Wallfahrten

Ab dem 16. Jahrhundert setzte ein gravierender Schwund des Pilgerwesens ein. Die Gründe waren vielfältig: politisch-wirtschaftlicher Niedergang der Weltmacht Spanien, Reformation und Religionskonflikte im maßgeblichen Durchzugsland Frankreich. Zwischen 1589 und 1879 galten die zunächst aus Furcht vor Piraten versteckten Jakobusreliquien als verschwunden, neue Wallfahrtsstätten wie das französische Lourdes (Marienerscheinungen: 1858) und das portugiesische Fátima (Marienerscheinungen: 1917) machten Santiago de Compostela Konkurrenz. Im Verlauf des 20. Jahrhunderts lähmten die Weltkriege, der Spanische Bürgerkrieg und die nachfolgende Franco-Diktatur die Pilgerschaft auf dem Jakobsweg, doch durchgängig zum Erliegen kam sie nie. Ihre Wiedergeburt erlebte die Santiago-Bewegung im Laufe der achtziger Jahre, der eigentliche Boom setzte in den neunziger Jahren ein. Die Ursachen waren vielschichtig. Die beiden Papstbesuche von Johannes Paul II. in Santiago de

Linke Seite:
Die meisten Brunnen am Jakobsweg liefern trinkbares Wasser – eine willkommene Erfrischung für den Körper.

Manche Kirchen am Weg stehen offen – Orte der Ruhe, Labsal für die Seele des Pilgers.

Compostela (1982, 1989) katapultierten den Jakobsweg ebenso zurück ins Bewusstsein wie die Erhebung der Altstadt von Santiago de Compostela (1985) und des gesamten Jakobsweges (1993) zum Weltkulturerbe der UNESCO. Gleichlaufend hielt Spaniens Tourismusindustrie Ausschau nach vermarktbaren Zielen abseits von Stränden und Ballermann-Klischees. Da kam der Jakobsweg gerade recht, vor allem die zugkräftigen Heiligen Jahre – immer, wenn der Jakobustag, der 25. Juli, auf einen Sonntag fällt – 1993 und 1999. Für weitere Schubwirkung sorgten das Heilige Jahr 2004 und der Ausblick auf das Heilige Jahr 2010, das gestiegene Medieninteresse und die Flut an Erfahrungsberichten im Stil von „Ich bin dann mal weg“.

Pilgern, das große Abenteuer des Mittelalters, ist wiedererwacht und der Jakobsweg ein Unikat. Zu den Rahmenfaktoren des bis heute ungebremsten Neuaufschwungs zählen die vorbildliche Kennzeichnung der Wanderstrecken mit gelben Pfeilen und Muschelsymbolen sowie die Vielzahl der Herbergen am Weg, die mit der Aufnahme der Pilger in der Nachfolge der einstigen Klostergemeinschaften stehen; die einfachen Unterkünfte sind mit Pilgerausweis benutzbar. Zugleich sind Radler, motorisierte Reisende in Eigenregie und organisierte Pilgergruppen unterwegs, die auf den gleichfalls mit „Jakobsweg“ ausgewiesenen Straßen die landschaftliche Vielfalt zwischen den Bergriesen der Pyrenäen und den grünen Hügeln Galiciens erleben. Kirchen und Klöster legen prachtvolle Zeugnisse von Romanik und Gotik ab, Kuriosa wie der Weinbrunnen bei Estella und der Hühnerstall in der Kathedrale von Santo Domingo de la Calzada bereichern das Erleben. Im Mittelpunkt jedoch steht der Mensch an sich, zivilisatorisch gesättigt, gestresst, ein Sich-Sehnender nach einer Auszeit, nach neuen Zielen und Werten, nach der Gemeinschaft mit Gleichgesinnten. Dabei kommt es nicht immer auf die Verbundenheit zum christlichen Glauben an. Wer als Pilger nach langen Wochen, Monaten in Santiago de Compostela eintrifft, hat zu sich selbst gefunden, ist ein anderer.

Linke Seite:
Die Kathedrale von Santiago de Compostela ist seit jeher der Grund für den Ruhm Santiagos. Beeindruckend ist die üppige barocke Fassade aus dem 18. Jahrhundert.

Sehr viele Kirchen sind der Gottesmutter Maria geweiht, in vielen Orten wird von Wundern und Marienerscheinungen berichtet. In den Prozessionen der Karwoche ist die leidende Mutter Maria die Hauptperson.

Nach der kargen, kahlen Meseta in Kastilien-León überrascht das grüne Galicien. Die üppige Vegetation ist eine Erholung für Auge und Seele, hier bei Sarria.

airflex
control

Navarra – Von den Pyrenäen bis Puente la Reina

Allgewaltig bäumt sich das grüne Navarra auf. Buchenwälder, Wiesen und Weiden im Schatten der mächtigen Pyrenäen, die manchertags in Regen und Nebel versinken. Erschöpft treffen Pilger, aus dem tiefen Talgrund von Saint-Jean-Pied-de-Port kommend, auf dem 1057 Meter hohen Pass Ibañeta ein. Manche legen zum Zeichen der Ankunft handgebundene Kreuze aus Zweigen nieder, ein jeder sehnt eine Rast an der Kapelle San Salvador herbei. An derselben Stelle befand sich einst ein Pilgerspital, das 1132 an einen geschützteren Platz bergabwärts verlegt wurde. Dort, im Kloster von Roncesvalles, kümmerten sich Augustiner um die ausgelaugten Ankömmlinge. Nicht jeder überstand die Strapazen, wie das schaurige Beinhaus mit seinen Knochenresten verrät. Navarras König Sancho der Starke wählte die Klostermauern freiwillig als letzte Ruhestätte. Die Kirche setzt einen Markstein der frühen Gotik, das Licht fällt durch Buntglasfenster. Unter einem Baldachin thront das versilberte Zedernholzbildnis der Madonna von Roncesvalles, eine Krone auf dem Haupt, in der Linken das Kind.

Die Vorpyrenäen ziehen sich bis Pamplona, die Gegend bleibt durchgehend dörflich. In Burguete und Espinal schnüren sich die Ortsdurchgänge zwischen trutzigen Steinhäusern zusammen, in Zubiri und Larrasoaña führen Pilgerbrücken über den Arga. Ein wuchtiges Mauer- und Kirchenplateau kündigt Navarras Hauptstadt Pamplona an. Zu römischen Zeiten von General Pompejus begründet, festigte sich Pamplona im Mittelalter als Durchzugsstation der Pilger und ist heute mit 200 000 Einwohnern die größte Stadt am Jakobsweg. Vor Jahrhunderten wurden Wallfahrer aus der Domküche versorgt, die nun zum Diözesanmuseum gehört. Navarras Könige ließen sich im Angesicht der Marienskulptur in der Kathedrale krönen, der angegliederte Kreuzgang ist ein Gedicht der Gotik. Zwischen dem 6. und 14. Juli weicht die Beschaulichkeit einem weindurchtränkten Taumel, wenn Pamplona unter dem Stadtfest San Fermín erbebt und Kampfstiere durch die Straßen sprengen. Die Bilder gehen alljährlich um die Welt, Ernest Hemingway war bei seinen Besuchen begeistert.

Südwestlich von Pamplona zieht sich der Jakobsweg über die Sierra del Perdón in den fruchtbaren Landstrich Valdizarbe: Getreide- und Spargelfelder, Klatschmohn, Weingärten. Zwischenziel ist Puente la Reina, seit alters her Sammelpunkt aller Pilger. Zu Ortsbeginn vereint sich der Französische Weg ab Ibañeta mit dem Aragonesischen Weg, der vom zweiten großen Pyrenäenübergang Somport hinzustößt.

Linke Seite:
Am Stadttor von Saint-Jean-Pied-de-Port. Der Pilger-Rucksack sollte möglichst leicht sein, empfohlen wird etwa ein Zehntel des Körpergewichts.

Beim Kloster von Roncesvalles fand die legendäre Schlacht statt, in der Ritter Roland mit der Nachhut des Heeres von Karl dem Großen von den Basken vernichtet wurde. Im Rolandslied wird davon berichtet. Unterhalb des Klosters steht am Weg ein Pilgerkreuz aus dem 14. Jahrhundert.

Der schwierigste Teil des Jakobsweges ist zu Hause! Zunächst die Entscheidung: wann? Wer kann sich heute noch etwa sechs Wochen frei nehmen? Dann die Planung der Ausrüstung – Gewicht sparen ist die oberste Devise beim Rucksackpacken. Und schließlich die Planung der Wanderroute, der möglichen Etappen, der Herbergen, der Sehenswürdigkeiten.

Rechte Seite:

Wir, meine Partnerin Isolde und ich, fahren von Basel mit der Bahn nach Paris und dann weiter nach Bayonne. In der letzten Etappe zuckelt der Regionalzug eine Stunde bis nach Saint-Jean-Pied-de-Port. Ganz bewusst haben wir die langsame, aber sehr entspannende Anreise-Möglichkeit gewählt, so fällt es der Seele leichter nachzukommen.

In Paris wechseln wir mit der Metro von Bahnhof zu Bahnhof. Es bleibt jedoch genügend Zeit für einen Schluck Rotwein am Ufer der Seine, bevor uns der Nachtzug nach Bayonne bringt.

Linke Seite:
Für viele Pilger ist heute Saint-Jean-Pied-de-Port der Ausgangspunkt ihrer Wanderung. Wenige Kilometer nördlich, in Ostabat, treffen drei Pilgerwege aus Frankreich zusammen, die Via Turonensis, die Via Lemovicensis und die Via Podiensis.

Vom Bahnhof führt der Weg ins Pilgerbüro von Saint-Jean-Pied-de-Port, das von einem Verein ehrenamtlich und gratis betrieben wird. Liebevoll und geduldig werden hier 100 Tipps gegeben und 1000 Fragen beantwortet. Ehrfürchtig, staunend, ängstlich stehen wir vor der Karte, die unseren Pilgerweg darstellt – knapp 800 Kilometer warten in den nächsten sechs Wochen auf uns.

Linke Seite:
Wir starten gegen 11 Uhr, wollen zum „Einlaufen" nur zwei Stunden bis zur ersten Hütte laufen – und schon haben wir das erste Problem: Wegen Schnee und Nebel ist der Weg gesperrt! Was tun? Der ganze Zeitplan ist durcheinander! Wir entscheiden uns für die Alternativroute, noch an diesem Tag.

Die erste Stunde geht's gemütlich in einem Tälchen Richtung Berge, vorbei an einer Herde neugieriger Schafe. Nach zwei Stunden geht es an der Straße entlang, der Rucksack wird schwer. Nach drei Stunden wird der Rucksack noch schwerer, die Schultern beginnen zu schmerzen. Wir legen eine Pause ein.

Nach vier Stunden Wanderung setzt Regen ein, der Weg wird steil, meine rechte Hüfte beginnt zu schmerzen. Nach fünf Stunden schmerzt die Hüfte noch mehr, ich bekomme Angst. Der Weg ist eine Schlammschlacht.

Rechte Seite:
Nach sechs Stunden regnet es immer noch, auf dem Weg liegt Schnee. Inzwischen tut die linke Hüfte weh und das rechte Knie, ich habe noch mehr Angst. Nach sieben Stunden sind wir endlich oben auf dem Ibañeta-Pass, 1057 Meter hoch, wir sehen fast nichts.

Ich bin am Ende, mir tut einfach alles weh. Im Pilgerbüro müssen wir einen Fragebogen ausfüllen, warum wir das alles machen – das habe ich mich in dem Moment wirklich auch gefragt! Ich kann die paar Meter zur Herberge kaum noch laufen. Und dann der Empfang durch die holländischen Hospitaleros – wie von einem Engel im Paradies!

Rechte Seite:
In der Herberge ist ein riesiger Schlafsaal in einem hohen gotischen Gebäude, 110 Betten stehen hier, um 22 Uhr wird die Türe verschlossen und das Licht gelöscht. Morgens um 6 Uhr geht das Licht wieder an, spätestens um 8 Uhr sind alle Pilger wieder unterwegs. Mit etwas weniger Schmerzen als am Vorabend machen auch wir uns auf den Weg Richtung Pamplona.

Nach tagelangen Regenfällen ist der Weg eine einzige Schlammschlacht. Hier mit dem Rucksack zu balancieren ist doppelt anstrengend.

Rechte Seite:
Bei Trinidad de Arre führt diese Brücke über den Río Ulzama. Hier steht die Iglesia de la Santísima Trinidad aus dem 13. Jahrhundert. Sie gehört zu einem Kloster der Hermanos Maristos, welches eine Pilgerherberge betreibt.

Pamplona, auf baskisch Iruñea, geht auf eine römische Gründung im 1. Jahrhundert vor Christus zurück. Große Ruinen von Befestigungsanlagen erinnern an die zahlreichen Kriege im Mittelalter. Über der Altstadt erhebt sich die Kathedrale.

Linke Seite:
An den gotischen Kreuzgang der Kathedrale von Pamplona schließen sich Refektorium und Küche an, in der einst die Pilger auf ihrem Weg nach Santiago kostenlos verpflegt wurden.

Hinter einer klassizistischen Fassade öffnet sich die gotische Kathedrale, im Zentrum stehen zwei Prunkgräber von König Carlos III. el Noble und seiner Frau Leonor de Trastámara.

In der Altstadt von Pamplona befindet sich die Herberge, ein altes Ordenshaus mit knarrenden Dielen und ausgeschalteter Heizung. Es hat wenige Grad über Null, draußen und drinnen – zum Glück haben wir einen guten Schlafsack dabei.

Rechte Seite:
An der Plaza del Castillo im Herzen der Altstadt von Pamplona liegt das „Café Iruña". Das wunderschöne Jugendstil-Café wurde 1888 gegründet. Ernest Hemingway hat es in seinem Roman „Fiesta" verewigt.

Seite 48/49:
Am nächsten Tag liegt der 735 Meter hohe Pass „Alto del Perdón" vor uns. Die Beine sind schwer, am Fuß kündigen sich Blasen an, der Rucksack drückt, der Aufstieg ist wieder eine entsetzliche Schlammschlacht. Auf dem Pass werden wir von Pilger-Metallskulpturen begrüßt – und einem eiskalten Sturmwind. Der Abstieg geht durch steiles Geröll – zum ersten Mal seit Tagen sehen wir die Sonne wieder, das hebt die Stimmung endlich. Mit den Kräften völlig am Ende erreichen wir die Herberge in Obanos.

Am nächsten Morgen kommen wir nach Santa María de Eunate. Einsam liegt die Kirche im Tal – ein großartiger Höhepunkt am Jakobsweg. Der achteckige Kirchenbau stammt aus dem 12. Jahrhundert, in seinem Innern spürt man eine einmalige Stimmung. Vielleicht war die Kirche ein Bau der Tempelritter, vielleicht das Grab einer Königin – man weiß es nicht.

Die Brücke Puente la Reina über den Río Arga wurde im 11. Jahrhundert errichtet, vermutlich im Auftrag einer Königin. Sie zeigt die ungeheure Bedeutung vom Brücken- und Straßenbau in jener Zeit, der von Königen und Bischöfen gefördert wurde.

Linke Seite:
Brücken und Straßen waren die Keimzelle für Stadtgründungen, für wirtschaftliches Wachstum und politische Macht. Einwanderer siedelten sich an, weil sie vom König Privilegien erhalten hatten. Sie waren tüchtige Handwerker, Kaufleute und Händler, schnell blühten die Siedlungen wirtschaftlich auf – so auch Puente la Reina.

In der Hauptstraße von Puente la Reina säumen Cafés und Geschäfte den alten Pilgerweg. In diesem alten Laden habe ich meine Pilgerausrüstung ergänzt und einen Sonnenhut erstanden.

Navarra – Von Puenta la Reina bis Viana

Die berüchtigten Templer waren es, die sich einst um Puente la Reina dem Schutz der Jakobspilger annahmen. Auf den Ritterorden gründen sich das nahe Heiligtum von Eunate und die Kirche Crucifijo, die ein Bogen mit dem alten Pilgerspital verbindet. Im Kircheninnern hängt, vor verblassten Farbresten, ein gotischer Christus; Pilger sollen das Schnitzwerk des Gekreuzigten im 14. Jahrhundert auf den Schultern aus dem Rheinland bis hierhin geschafft haben.

Im Ortskern von Puente la Reina führt der Weg vor das maurisch inspirierte Stufenportal der Jakobuskirche, die eine weitere Besonderheit birgt: den Schwarzen Jakobus, so genannt, weil das Bildnis aus Furcht vor den Mauren lange im Erdreich vergraben lag. So will es die Legende. Die sommerkühle Gasse mündet auf die schönste Jakobswegbrücke, ein Prachtbeispiel der Romanik, seit dem 11. Jahrhundert Flusspassage über den Arga. Die Örtchen Mañeru und Cirauqui stehen im Zeichen des Weinbaus, der Río Salado kurz vor Lorca genoss im Mittelalter einen üblen Ruf. „Vorsicht, dass weder du daraus trinkst noch dein Pferd, denn es ist ein Tod bringender Fluss", warnte der Verfasser des Codex Calixtinus.

Estella, am Flüsschen Ega zu Füßen des Bergbuckels Montejurra gelegen, hat als Stadt der 21 Kirchen Geschichte geschrieben. Besonders schön am Pilgerweg: die Kirche Santo Sepulcro. Im Bilderkosmos des Bogenfeldes verteilen sich Brote und Krüge über die Abendmahltafel, das Tischtuch wirft Falten bis zu den Fußspitzen der Apostel. Die Sakralbaukunst setzt sich mit den Wehrkirchen San Miguel und San Pedro de la Rúa fort; zu San Pedro de la Rúa gehören Kreuzgangreste mit einer kurios gedrehten Säule, der Handschrift des Künstlers. Estellas romanischer Königspalast beherbergt keine Royals mehr, sondern eine Werkschau des Malers Gustavo de Maeztu (1887–1947).

Kurz vor dem Kloster Irache wartet hinter einem kleinen Gitter das größte Kuriosum am Jakobsweg durch Navarra: der Weinbrunnen. Kaum zu glauben, aber wahr ist, dass im Hahnumdrehen Rotwein kostenlos hervorquillt. Vorausgesetzt, die Vorangezogenen haben das Depot nicht unter allzu großer Gier geleert. Auf dem Weg nach Villamayor de Monjardín wechseln sich Steineichenhaine und Rebgärten ab, der pyramidenförmige Ortsberg ist mit Burgresten besetzt. In der Kirche von Los Arcos wird regelmäßig der Pilgersegen gespendet, vor der Kirche Santa María in Navarras letzter Ortschaft Viana erinnert eine Bodentafel an Cesare Borgia. 1507 fand der machthungrige Papstsohn in der Gegend ein tragisches Ende.

Linke Seite:
An der alten Pilgerstraße in Estella liegt die Kirche San Pedro de la Rúa. Der spätromanische Kreuzgang ist sicher der stimmungsvollste Ort in ganz Estella.

Der „Schwarze Jakobus" in der Jakobuskirche von Puente la Reina war einst aus Angst vor den Mauren vergraben worden. Ein frommer Bauer entdeckte ihn auf wundersame Weise wieder.

A-12
500 m

Bei Mañeru verläuft der Jakobsweg parallel zur Straße, dazwischen ein hässlicher Maschendrahtzaun. Allerdings hat man einen herrlichen weiten Ausblick in die Landschaft.

Hoch oben auf einer Bergkuppe thront Cirauqui – dieses Bild mag sich seit dem Mittelalter kaum verändert haben. Der Pilgerweg geht vorbei an alten Adelspalästen bis hinauf zur höchsten Stelle. Dort steht die Kirche San Román aus dem 13. Jahrhundert mit einem schönen romanischen Portal – völlig überraschend in diesem kleinen Dorf.

Linke Seite:
Die Pilger im Mittelalter liefen auf den Straßen und Wegen der damaligen Zeit, welche meist auf römische Straßenbauten zurückgingen. Hinter Cirauqui sind Reste einer römischen Straße und Brücke erhalten, wenige Meter weiter stört die moderne Autobahn die Idylle.

Wilde Narzissen und blühende Kirschbäume sind die ersten Frühlingsboten am Weg.

Linke Seite:
Estella wurde 1090 von König Sancho Ramírez gegründet. Er ließ diese Brücke über den Río Ega bauen und änderte den Verlauf des Jakobsweges, um Pilger durch seine neue Stadt zu leiten und dadurch seine Staatsfinanzen aufzubessern. Auch lockte er französische Siedler mit Privilegien an.

Im 13. Jahrhundert war der Reichtum der Stadt mit dem von Burgos vergleichbar, heute ist es ein unbedeutender Provinzort mit vielen modernen Hässlichkeiten. Am Ortseingang laufen die Pilger an der verfallenden Kirche Santo Sepulcro aus dem 14. Jahrhundert vorbei.

Gelegentlich entdeckt man solche Automaten mit Pilgerbedarf: Verschiedene Pflaster, Salben und Sprays für Blasen, Muskeln, Gelenke, Haut und gegen Insekten werden angeboten. Nur die Ohrenstöpsel gegen das Schnarchkonzert in den Herbergen fehlen im Angebot.

Rechte Seite:
Kloster Irache ist über 1000 Jahre alt. Der heilige Abt Veremundo gründete hier 1051 eines der ersten Pilgerhospitäler am Jakobsweg, die Klostergebäude sind heute verlassen. Doch das alte Klosterweingut arbeitet noch heute und dort gibt es einen ganz besonderen Service: am Weinbrunnen dürfen Pilger kostenlos einen Schluck Wein zapfen.

BODEGAS IRACHE
DESDE 1891
Normas de uso
A beber sin abusar
te invitamos con agrado,
para poderlo llevar
el vino ha de ser comprado.
EN ESTA FUENTE HAY
INSTALADA UNA WEB CAM.
SI SE CONECTA POR INTERNET EN
http:/www.irache. com,
PUEDE VISUALIZAR LOS
PEREGRINOS QUE NOS VISITAN
Bodegas Irache SL
CAMINO DE SANTIAGO
EL PRESIDENTE DEL GOBIERNO DE NAVARRA
EXCMO. SR. D. JUAN CRUZ ALLI ARANGUREN
INAUGURO ESTA FUENTE DEL VINO
EL DIA 23 DE NOVIEMBRE DE 1991

Nach stundenlangem Weg durch Felder und Weinberge überrascht das erste Haus in Los Arcos mit einem Getränkeautomat.

Rechte Seite:
Die private Herberge „La Fuente – Casa de Austria" wird von der österreichischen Jakobusbruderschaft betrieben. Eine schöne Herberge: kleine Zimmer, großer Innenhof, sehr nette Aufnahme durch die österreichischen Hospitaleros. Wie in jeder Herberge gelten auch hier die Regeln: Nachtruhe von 10 bis 6 Uhr und spätestens um 8:30 Uhr müssen alle draußen sein.

Unterwegs
zu sich selbst

Wir starten wieder früh morgens, kurz nach Sonnenaufgang. Immer wieder treffen wir auch Pilger, für die der Camino vorzeitig zu Ende geht, meist machen Füße oder Knie nicht mehr mit. Eine Wanderung mit Gepäck viele Tage hintereinander ist schon eine ganz besondere Belastung. Noch nie habe ich so bewusst gespürt, wie wichtig mein Körper, meine Gesundheit für mich sind!

Viele Gewohnheiten und Pilgersitten haben sich bis heute erhalten. Die Ablage von kleinen Steinen geht vermutlich auf einen Ritus der Antike zurück, Beistand auf dem Weg von der schützenden Gottheit zu erwirken.

Rechte Seite:
Von Sansol öffnet sich ein schöner Blick auf Torres del Río, am Río Linares gelegen. Aus der Dachlandschaft hebt sich die Kirche Santo Sepulcro ab.

Linke Seite:
Die Kirche Santo Sepulcro in Torres del Río ist der zweite achteckige Bau am Camino, erinnert stark an die Kirche von Eunate. Vermutlich ist es eine Grabeskirche, von Templern errichtet.

Ungewöhnlich ist die Ausführung der Kuppel (ganz links) nach islamischen Vorbildern. Wie in den ehemaligen Moscheen von Toledo und Córdoba werden die Rippen nicht durch die Kuppelmitte geführt, sondern bilden einen Stern. Das Kreuz (links) stammt aus dem 13. Jahrhundert.

Auf der Plaza Santiago in Logroño findet man ein Bodenmosaik, Teil des beliebten spanischen Kinderspiels „Juego de la Oca". Dargestellt sind unterschiedliche Motive, unter anderem berühmte Sehenswürdigkeiten am Jakobsweg.

La Rioja – Von Logroño bis Santo Domingo de la Calzada

Weingärten, Marienhöhle, ein Gotteshaus mit Hühnervögeln – trotz ihrer Kürze stecken die 65 Jakobswegkilometer durch die Rioja voller Eindrücke. Den Auftakt macht die Hauptstadt Logroño, gelegen am Ebro, wo Störche reichlich Nahrung finden. Über dem Fluss erhebt sich die Altstadt, die die neuen Hochhausringe vergessen macht. Die Türme der Kathedrale und der gotische Spitzturm der Kirche Santa María del Palacio bestimmen die Silhouette. In Laubengängen und Kneipen lockt Flair, die Riojaweine sind ein Genuss. Die Pilgergasse führt zur Jakobuskirche, ein einschiffiges Meisterwerk mit einem Hochaltar, dessen Farbrelieftafeln sich um Leben und Sterben des Apostels drehen. Drastisch dargestellt ist das Martyrium. Der Schlächter hält das Schwert erhoben, davor Jakobus, enthauptet, mit dem eigenen Kopf in Händen. Die Grausamkeiten setzen sich in der Südfassade fort, wo der Heilige als berittener Maurentöter siegreich über die Muselmanen hinwegtrampelt. Schauplatz des legendären Gemetzels war das südlich gelegene Clavijo, dessen Felsenkastell weite Blicke über die Weinbaugebiete am Ebro erlaubt.

Ein Höhenzug trennt Logroño von Navarrete. Im Spital San Juan de Acre fanden Pilger einst Aufnahme, geblieben sind Ruinen am Weg. In Nájera rankt sich die Entstehungslegende um König García, der eines Tages seinen Falken auf ein Rebhuhn losließ. Beide Vögel tauchten nicht wieder auf. Auf der Suche entdeckte García eine Höhle mit einer Marienskulptur, daneben Falke und Rebhuhn friedlich vereint. Dort gründete er das Kloster Santa María la Real. Von der Kirche führt ein Zugang in die kleine Sandsteingrotte mit der Madonna. Ein 70 Meter hoher Kathedralturm überragt die Häuser von Santo Domingo de la Calzada, den Ort des Hühnermirakels. Überliefert ist, dass eine Gasthausmagd einen Silberbecher im Gepäck eines Burschen versteckte, der mit seinen Eltern nach Santiago pilgerte. Des Diebstahls angeklagt, verurteilte der Richter ihn zum Tod durch Erhängen. Dank des heiligen Domingo, der, unsichtbar, die Füße des Jungen mit seinen Schultern stützte, überlebte er am Galgen. Aufgebracht liefen die Eltern zum Richter, der längst heimgekehrt war, um sich einer opulenten Mahlzeit zu widmen: einem Hahn und einer Henne. „Euer Sohn ist so lebendig wie der Bratschmaus vor mir!“, stieß er höhnisch aus, nachdem er die Geschichte gehört hatte. Die Tiere flogen vom Tisch auf, die Unschuld des Pilgers war bewiesen. In der Kathedrale bewahrt ein Glaskäfig mit Hahn und Huhn das Gedenken an das bekannteste Wunder vom Jakobsweg.

Dieser wunderschöne Pilgerbrunnen steht auf der Plaza Santiago in Logroño.

Dieser spätgotische Kreuzgang ist Höhepunkt im Kloster Santa María la Real in Nájera.

Jack Wolfskin
bigpack

Eine Pause am Stadtrand von Logroño. Dort zählte Doña Felisa über 30 Jahre lang die Pilger und stempelte Pilgerpässe. Da sie 2003 gestorben ist, setzt nun ihre Tochter das Werk fort. „Feigen, Wasser und Liebe" ist das Motto in ihrem Stempel – die drei „Grundnahrungsmittel" des Pilgers sozusagen.

Die Puente de Piedra führt in Logroño über den Ebro, den größten Fluss Spaniens. Schon Kelten und Römer siedelten hier. Im 11. Jahrhundert sorgte König Sancho von Navarra dafür, dass der Pilgerweg durch die Stadt ging – damit begann der wirtschaftliche und kulturelle Aufschwung. Logroño ist heute die Hauptstadt der Provinz Rioja, reich durch Landwirtschaft und Weinbau.

Linke Seite:
Glasgaleriehäuser in Logroño. Neben den zahlreichen Winzerbetrieben gehört heute die Keramik- und Weißblechverarbeitung zu den bedeutenden Wirtschaftszweigen der Stadt.

Südlich von Logroño liegt Clavijo, einer der wichtigsten Orte für den Jakobus-Kult, da hier angeblich im Jahr 844 eine Schlacht stattfand, bei der Jakobus auf einem weißen Pferd erschienen sein soll und zum Sieg verhalf. Jakobus als Maurentöter wurde zum wichtigsten Symbol der Reconquista in Spanien. Über 700 Jahre dauerten die Kriege. Der Pilgerweg nach Santiago war das erste gemeinsame europäische Erlebnis, eine gemeinsame Religion gegen einen gemeinsamen Feind, die Araber.

In vielen romanischen und gotischen Kirchen stehen solche riesigen barocken Altarwände wie dieser Hochaltar in der Iglesia de Santiago in Logroño. Die Unmengen an Gold und Silber in Spaniens Kirchen sind meist Raubgold aus Lateinamerika. Nach der Entdeckung durch Columbus im Jahre 1492 plünderten und mordeten die Spanier in Lateinamerika. Zu Hause verschleuderten sie 100 Jahre lang Gold und Silber für Kriegszüge und für Prunkbauten – sie nennen es das „goldene Zeitalter". 1588 ging die spanische Armada im Krieg gegen England unter, die Weltmacht Spanien versank in Bedeutungslosigkeit.

Abends in der Kneipe entdecken wir ein spanisches Wunder: Die Menschen sitzen zusammen, trinken kaum, reden viel – und sie spielen! Offensichtlich haben die modernen Medien diese Gemeinschaft noch nicht kaputt gemacht.

Rechte Seite:
Die Herberge in Logroño ist ein moderner, enger Betonklotz, da fällt es leicht früh aufzustehen und weiter zu wandern, morgens um 6 Uhr ist die Stadt noch menschenleer.

Linke Seite:
Blühende Kirschbäume zwischen großen Weinfeldern begleiten uns auf dem Weg durch Rioja.

Bei der Autobahnbaustelle bei Navarrete hat eine hilfreiche Seele liebevoll ein Schild für die Wegumleitung gemalt. Ein einziges Mal verlaufen wir uns, aber nur 50 Meter weit, dann ruft uns schon ein Bauer aus dem Feld zu.

C.SANTIAGO

Linke Seite:
Der Camino Francés ist der sicherste und am besten markierte Weg der Welt.

In den Weinbergen der Rioja lernen wir Udo kennen, der keinen Rucksack tragen kann und sich deshalb solch ein Gefährt gebaut hat, mit dem er sich in den Schlammetappen unendlich gequält hat. Mehrere Tage begegnen wir uns immer wieder – er hat seinen Humor nicht verloren.

Am Stadtrand von Nájera. Auf die Mauer eines Industriebetriebes hat ein Pilger ein Gebet geschrieben: „Staub, Schlamm, Sonne und Regen, das ist der Weg nach Santiago. Tausende von Pilgern und mehr als tausend Jahre. Wer ruft dich, Pilger? Welche geheime Macht lockt dich an? Weder ist es der Sternenhimmel, noch sind es die großen Kathedralen. […] All' dies sehe ich im Vorbeigehen und dies zu sehen, ist Genuss, doch die Stimme, die mich ruft, fühle ich viel tiefer in mir. […]"

ATENCIÓN
CRUCE CAMINO
DE SANTIAGO
N-120
STO. DOMINGO 20
DE LA CALZADA
BURGOS 89

In Nájera siedelten schon Römer, Westgoten und Araber und hier kämpfte Roland gegen den Riesen Ferragut. Als der spanische Staat im 19. Jahrhundert völlig pleite war, wurden viele Kirchen und Klöster enteignet. So wurde auch das Kloster Santa María la Real in Nájera geplündert, war Baulager, Kaserne, Tanzlokal. Heute ist es bestens restauriert.

Rechte Seite:
Der Hochaltar in der Kirche des Klosters Santa María la Real steht in einem Raum aus dem 15. Jahrhundert mit klaren gotischen Formen.

Linke Seite:
Das Chorgestühl in Santa María la Real wurde im 15. Jahrhundert in der Werkstatt von Andrés und Nicolás de Nájera geschnitzt. Die Schnitzarbeiten quellen über an Detailfülle.

Statuen von Maria und Jakobus in Santa María la Real. Als König García III. Sanchez von Navarra einst bei Nájera auf der Jagd war, verschwand plötzlich sein Jagdfalke mit einem Rebhuhn. Er fand die beiden in einer Höhle wieder, friedlich vereint vor einer Marienstatue sitzend. Aufgrund dieses Marienwunders stiftete er das Kloster, das Bischofssitz und königliche Grabstätte wurde.

Nach einem lohnenden Spaziergang durch die kleine Altstadt von Nájera geht's zurück in die Herberge, Wäsche waschen ist mal wieder angesagt. Die Herberge ist ein großer Container, es ist heiß, eng und stickig. Morgens um 6 Uhr gibt es einfachstes Frühstück: dünner Kaffee und ein paar Plätzchen. Zum Glück haben wir eine Bar gefunden, die so früh schon geöffnet hatte.

Linke Seite:
Mittelalterliche Steinbrücke in Santo Domingo de la Calzada – der Ort heißt wie der Heilige. Der Einsiedler Domingo entdeckte seine Lebensaufgabe: er wollte den beschwerlichen Weg für die Pilger erleichtern. Deshalb ließ er Straßen und Brücken bauen, gründete Herberge und Krankenhaus. Schon kurz nach seinem Tod wurde Domingo dafür heilig gesprochen.

In der Kathedrale von Santo Domingo de la Calzada steht ein Hühnerstall mit zwei lebenden Hühnern darin – Grund ist die berühmte Legende vom Galgen- bzw. Hühnerwunder, die im Codex Calixtinus erzählt wird. Die Botschaft der Legende: Pilger sind auf ihrer Reise auf Menschen guten Willens angewiesen. Wer gegen das heilige Gebot der Gastfreundschaft verstößt, soll wissen, welche Strafe ihn erwartet.

DADOS
DADOS

„Santo Domingo de la Calzada – der Ort, in dem der Hahn auch nach dem Braten kräht." Abends zum Pilgermenü gab's auch Hähnchen – die sind uns allerdings nicht vom Teller davongeflogen, wie die Legende von damals erzählt.

Überall entlang des Weges begleiten uns Störche, jeder Kirchturm und Schornstein ist bewohnt.

Rechte Seite:
Und immer weiter geht es auf dem Weg Richtung Santiago, Kilometer für Kilometer, Schritt für Schritt. Bei Grañón führt der Weg durch endlose Kornfelder, der schattenlose Weg bietet kaum Abwechslung.

Kastilien-León – Von den Montes de Oca bis zum Cruz de Ferro

400 Wegkilometer, Staubpfade, ausgewürfelte Dörfer, Kathedralpracht. Kastilien-León treibt Wechselspiele. Auf die Wälder der Montes de Oca und das Heiligtum des Jakobswegförderers San Juan de Ortega (1080–1163) folgen die Weiten der Meseta, Spaniens Hochebene. Erste Stadt ist Burgos mit einer himmelsstürmenden Kathedrale, an der ab 1221 hunderte Jahre gebaut wurde. Unter der Vierungskuppel bekam Nationalheld El Cid (um 1043–1099) posthum sein Grabmal, die Goldene Treppe gilt als Meisterstück des Diego de Siloé. Die Besucherströme verebben in der Kapelle des „Allerheiligsten Christus", Santísimo Cristo, die Gebeten und Gottesdiensten vorbehalten bleibt. Eine Legende besagt, dass das Christusbildnis in einer Kiste über den Atlantik trieb, ehe es von einem Kaufmann nach Burgos gebracht wurde. Mit ihren Gassen und Plätzen zählt die Altstadt zu den schönsten am Jakobsweg. Schmale Glasvorbauten fangen Sonnenlicht ein und halten Kälte zurück, in der klobigen Casa del Cordón hauchte Philipp der Schöne 1506 sein Leben aus – vermutlich vergiftet. Das Leitmotiv Tod setzt sich in zwei Klöstern am Stadtrand von Burgos fort. In der Kartause ruhen Kastiliens König Johannes II. und Isabella von Portugal, das Zisterzienserinnenkloster Las Huelgas Reales birgt den prächtigen Doppelsarkophag von Alfons VIII. und Eleonore von England.

Zwischen Burgos und León klafft Provinz, im Sommer gerät der Weg zur Durststrecke. Bäume und Schatten machen sich rar, hinter Castrojeriz verlangt der Bergaufstieg auf den Mostelares nach Energie. In Frómista sticht die Martinskirche mit romanischen Steinschmuckbändern und Sparrenfiguren hervor, in Villalcázar de Sirga und Carrión de los Condes wachten vormals die Templer. Nach soviel Dörfern wirkt das 150 000 Einwohner große León wie eine Metropole. Die Kathedrale magnetisiert mit ihrer Glasfensterpracht, der Ritterstammsitz San Marcos mit seiner Plateresk-Fassade. Das zum Kirchenkomplex San Isidoro gehörige Pantheon der Könige trägt den Beinamen „Sixtinische Kapelle der Romanik". Höhepunkte auf dem weiteren Weg nach Westen sind die Pilgerbrücke über den Órbigo, das Städtchen Astorga mit dem kühnen Bischofspalais des Antoni Gaudí, dann das „rote Dorf" Castrillo de los Polvazares. Ginster und Heide ziehen sich hinauf zum Cruz de Ferro, dem „Eisenkreuz" auf 1504 Metern Höhe, dort, wo Pilger ergriffen ihre Sorgen- und Sündensteine ablegen. In Ponferrada bestimmt die Templerburg das Bild, um Cacabelos und Villafranca del Bierzo der Weinbau. Das Grün stimmt ein auf Galicien.

Linke Seite:
Wahrzeichen von Astorga ist der Bischofspalast, im 19. Jahrhundert nach Plänen von Antonio Gaudí errichtet.

Westlich von Carrión de los Condes verläuft der Pilgerweg auf der „Via Aquitana", der alten Römerstraße.

Linke Seite:
Ein kühler Schluck Wasser aus einem Brunnen tut immer gut – wie hier in Redecilla del Camino.

Die heutige Grenze der Rioja ist überschritten, der langweilige und hässliche Weg hat sich nicht geändert. Wegstücke zwischen Wiesen und Feldern sind selten. Meist liegt eine Straße in nächster Nähe.

Vor Belorado geht es entlang der Nationalstraße 120, pausenlos donnern die LKWs auf der wichtigen Ost-West-Route vorbei, bei Lärm, Gestank und Hitze muss man schon schwer kämpfen.

Rechte Seite:
Der Ort Belorado wird überragt von den Ruinen einer Festung, die den Grenzort zwischen dem alten Navarra und Kastilien sichern sollte.

Für den Pilger ist der Marsch nach Burgos eine schwere Prüfung: zwei Stunden geht es durch Vororte mit Verkehr, Wohnblocks und Fabriken – zehn Kilometer moderne Hässlichkeiten, aber als Pilger muss man ja öfters durch die Hölle gehen. Um so mehr fasziniert die Altstadt von Burgos.

HOTEL NH PALACIO DE LA MERCED
Grupo Julián
Grupo Julián

LUNA 40

600 Jahre lang war Burgos das Zentrum der politischen, wirtschaftlichen und religiösen Macht Spaniens. Die Stadt war von einer mächtigen Mauer mit 12 Stadttoren umgeben. Den Arco de Santa María hat man im 16. Jahrhundert umgestaltet zum Triumphbogen für König Karl, der 1. nach spanischer, der 5. nach habsburgisch-deutscher Zählung.

SI AL FUTURO
SI AL TREN
PAN

Linke Seite:
In vielen Städten Nordspaniens sind schmale und hohe Glasveranden den Fassaden der Häuser vorgebaut. So werden die Wohnungen gegen Kälte isoliert und die Sonnenwärme wird eingefangen.

Das Tor zum Adelspalast „Casa del Cordón“. Hier empfingen die Könige Isabella I. von Kastilien und Ferdinand V. von Aragonien 1497 Christoph Kolumbus nach seiner zweiten Amerika-Fahrt.

Höhepunkt in Burgos ist die Kathedrale Santa María, eine der schönsten Kirchen Spaniens. 1221 wurde mit dem Bau begonnen, 400 Jahre hat man daran gearbeitet. Auf dem Jakobsweg waren damals viele internationale Baumeister unterwegs, aus Burgund, aus Köln, aus Flandern. Daher hat die Kirche viel Ähnlichkeit mit deutscher und französischer Gotik.

Rechte Seite:
Über dem Mittelschiff thront diese eindrucksvolle Kuppel, der Cimborrio. Wie ein Spitzengewebe wirken die verschiedenen Elemente aus flamboyanter Gotik und Renaissance-Verzierung, die auf arabische Vorbilder zurückgehen.

Wenige Kilometer außerhalb von Burgos liegt die Kartause Miraflores. Das Kloster wurde von den Eltern Isabellas gestiftet, König Juan II. und Isabella von Portugal. Heute leben hier die schweigenden Kartäuser-Mönche.

Rechte Seite:
An diesem Grabmal für die Stifter hat der Künstler Gil de Siloé vier Jahre lang gearbeitet, ein faszinierendes Werk aus Alabaster. In der goldenen Altartafel wurde das erste Raubgold verarbeitet, das Kolumbus mitgebracht hatte.

Linke Seite:
Morgens um 6 Uhr laufen wir in Burgos los. Wir wandern dem Sonnenaufgang entgegen und genießen den kühlen Morgen. In der Nähe von Hornillos del Camino sehen wir diese von Pilgern aufgeschichteten Steinmännchen.

Etwa zehn Tage benötigt man für die nächste große Etappe von Burgos nach León. Der Camino geht über die Meseta, eine 800 bis 1000 Meter hoch gelegene Ebene. Bei Hornillos del Camino kommt uns ein Schäfer mit seinen Tieren entgegen.

Mittags kommen wir in Hornillos del Camino an, ein winziges Dorf mit ca. 70 Einwohnern.

Rechte Seite:

Im Mittelalter gab es in Hornillos mehrere Pilgerhospitäler, heute nur eine kleine Herberge, die um 13 Uhr schon belegt ist. Deshalb schließt der Bürgermeister die Sporthalle auf, wo schon viele Plastikmatten bereit liegen. Spätestens jetzt befinden sich mehr Pilger als Einwohner im Dorf. Im Staub auf dem Betonboden versuchen die Pilger sich einzurichten. Völlig unbeeindruckt davon üben zwei Jugendliche für ihr Pelota-Spiel.

Seite 128/129:
Die grenzenlose Weite wird noch endloser und flacher. Der Weg durchzieht eine leere Landschaft, was uns Mitteleuropäer besonders beeindruckt. Das Zeitgefühl gerät in der baumlosen Ebene ganz durcheinander und die Stunden scheinen endlos.

Hontanas ist ein beliebtes Etappenziel für Pilger. In dem Ort leben nur etwa 60 Einwohner, es gibt keinen Laden, aber mit zwei Herbergen und einer Bar ist für das Wohl der Pilger gesorgt. Der Name des Dorfes geht auf „fontanas“ zurück, einen Brunnen, der schon für die Pilger vor 800 Jahren wichtig war.

Bei San Antón führt der alte Pilgerweg mitten durch die Ruinen eines Hospitals des Antonius-Ordens. Damit verbunden ist das Tau-Zeichen, das die Mönche als Erkennungszeichen trugen. Sie gaben es den Pilgern mit, um sie vor Unheil und Krankheit zu bewahren, daher heißt es heute „Cruz del peregrino".

Linke Seite:
Auf dem Berg im Hintergrund steht eine Burgruine aus dem 9. Jahrhundert, ihm zu Füßen liegt Castrojeriz, einer der längsten Orte am Weg. Von Westgoten gegründet, war der Ort ein wichtiger Stützpunkt im Kampf gegen die Mauren. Im 11. Jahrhundert war Castrojeriz Königsresidenz, zählte neun Kirchen und sieben Pilgerhospitäler.

Beim Sonnenaufgang wandern wir auf den Alto de Mostelares, 900 Meter hoch gelegen. Ein herrlicher Blick auf Castrojeriz und die umliegenden Tafelberge öffnet sich.

In Boadilla del Camino steht auf dem staubigen Dorfplatz ein „Rollo de Justicia", eine besonders schöne gotische Gerichtssäule, an der öffentlich Gericht gehalten wurde. Hinter einer hohen Lehmmauer liegt ein kleines Paradies, die Herberge „En El Camino". In einem der Schlafsäle gibt es eine abenteuerliche Balkenkonstruktion zwischen Lehmziegelwänden. In der luxuriösen Gartenanlage findet man einen kleinen Swimmingpool, auf der Gartenterrasse sitzt man nachmittags gemütlich im Schatten, und abends gibt's zum leckeren Pilgermenü Rotwein.

Die wunderbare Morgenstimmung am Kastilien-Kanal war mein schönstes Geburtstagsgeschenk. Der Kanalabschnitt zwischen Boadilla del Camino und Frómista gehört zu einer 207 Kilometer langen Wasserstraße, zwischen 1753 und 1849 erbaut. Auf dem Kanal wurden vor allem die Getreideernten nach Süden transportiert, Maultiere liefen auf den Treidelpfaden und zogen bis zu 400 Lastkähne täglich. 1959 wurde der Schiffsverkehr eingestellt, heute dient das Wasser der Bewässerung der Felder.

Die Martins-Kirche in Frómista – beliebter Nistplatz für Störche – ist eines der schönsten romanischen Bauwerke am Camino, Rest eines großen Klosters, das 1066 gestiftet worden war. An den Dachkonsolen entdeckt man Schmuckbänder mit über 300 Figuren, Menschen, Pflanzen, Tieren, Dämonen und Fabelwesen. Die Kapitelle im Innern der Kirche zeigen biblische Szenen und rätselhafte Motive aus der Antike.

In Frómista wurde der heilige Elm geboren. Weil er auf den Gewässern des Río Miño wandelte, wurde er zum Patron der Seefahrer. In den Händen hält San Telmo ein Schiff, die weißen Stangen sind Blitze, nämlich die nach ihm benannten Elmsfeuer. Am Montag nach Ostern ist sein Festtag – eine Prozession zieht durch das Dorf. Immer wieder hält der Zug an, dann erklingt die Musik von Flöte und Trommel und junge Mädchen in Festtagskleidung tanzen dazu.

NATURAL

Linke Seite:
Tagelang geht es weiter über die Meseta, an endlosen Kornfeldern entlang, dazwischen liegen kleine Dörfer – zur Frühjahrsblüte ein Traum!

Vor Villalcázar de la Sirga liegt an einem kleinen Bach die Wallfahrtskirche „Ermita de la Virgen del Río“. Noch ist es nicht zu heiß für ein lauschiges Pilger-Picknick.

In Carrión de los Condes werden wir in der Herberge Espíritu Santo sehr freundlich von den Nonnen aufgenommen. Das Platzangebot im Schlafsaal ist äußerst großzügig im Vergleich zu manch anderen Herbergen.

Seite 146/147:
Am nächsten Morgen scheinen alle Pilger zur gleichen Zeit aufgestanden zu sein – eine schier endlose Kette macht sich auf den Weg, und der ist extrem: auf der alten römischen Straße „Via Aquitana" geht es 18 Kilometer geradeaus – 18 Kilometer ohne Wasser, 18 Kilometer ohne Baum oder Strauch, 18 Kilometer ohne alles.

Escucha

Nach 18 Kilometern dann die erst Bar – klar dass sich hier alle wieder treffen, klar dass die Infrastruktur der nächsten Dörfer völlig überfordert ist, klar dass die nächsten Herbergen überfüllt sind. An diesem Tag bekommen wir erst nach 35 Kilometern ein Bett.

Rechte Seite:
Wie ein Wunder taucht nach Stunden in heißer, baumloser Ebene bei Moratinos diese „Teestube" auf. Unter einem schattigen Baum sind Kaffee, Tee, Mineralwasser, Früchte und Kekse für Pilger bereitgestellt. – Ein Liebespaar hat sich auf dem Camino gefunden und sie wollen auf diese Weise etwas von ihrer Liebe und ihrem Glück weitergeben.

MEMO
MEMO
Astronauts sing
between two Worlds

Die römischen Legionäre Facundus und Primitivus erlitten hier in Sahagún ihr Martyrium. Ihnen zu Ehren soll Karl der Große eine Basilika gestiftet haben. Alfons VI., König von León, förderte Stadt und Kloster – daraus entwickelte sich das bedeutendste Benediktinerkloster Spaniens. Vom Kloster San Facundo y Primitivo steht nur noch ein Turm und der „Arco de San Benito", der einst den Zugang zum Klosterbezirk ermöglichte.

Gleich neben der Klosterruine erhebt sich in Sahagún die romanisch-mudéjare Kirche San Tirso, der früheste Backsteinbau in der steinlosen Meseta. Als Vorbild diente die maurische Backsteinarchitektur, von der viele Elemente der Konstruktion übernommen wurden. Der Vierungsturm erinnert an die Minarette der almohadischen Zeit in Marrakesch oder Sevilla.

Im Mai explodiert in der Meseta die Blütenpracht entlang des Weges. Nur wenige Wochen später wird hier alles verdorrt sein, Brauntöne werden vorherrschen in heißer, schattenloser Ebene.

Rechte Seite:
Vor León geht der Weg vorbei an Bewässerungskanälen und immer entlang der Straße, die Landschaft wird immer eintöniger, immer hoffnungsloser. Stundenlang sind wir gelaufen ohne irgendein Dorf am Horizont – der schlimmste Tag bisher.

Mansilla de las Mulas ist das erste größere und lebendige Städtchen seit Burgos. Seit neun Tagen zum ersten Mal wieder Menschen, Geschäfte, Verkehr …

Wolf Schneider ist Herbergsvater in Mansilla de las Mulas. Mit Engagement pflegt er die Herberge, mit Liebe und Geduld kümmert er sich um seine Pilger. Das bedeutet: jeden Morgen alle Räume putzen, jeden Mittag etwa 70 Pilger empfangen – und das schon seit elf Jahren. Man fragt sich vielleicht, warum viele Hospitaleros ehrenamtlich arbeiten. Einer erzählte mir: „Ich habe so viel Liebe und Gastfreundschaft auf meinem Camino erfahren, dass ich das jetzt gerne weitergeben möchte."

Wie in jeder Herberge, so gibt es auch in Mansilla de las Mulas Computer mit Internet-Anschluss, sodass man täglich seine E-Mails checken könnte – aber ob das überhaupt noch Bedeutung hat nach solch einem langen Weg?

Abends in der Herberge werden alle Kranken so gut es geht versorgt, Blasen werden desinfiziert und verbunden, schmerzende Knie werden zu heilen versucht.

Wieder brechen die meisten früh in der Dämmerung auf, alle wollen die letzte Strecke nach León möglichst schnell hinter sich bringen. Fast 20 Kilometer geht der Camino an der Schnellstraße entlang, dann sind die Vororte von León erreicht. Jetzt geht es noch etwa eine Stunde durch unendliche Hässlichkeiten. Mit dem Zaun werden zunächst die Autos vor den Pilgern geschützt – vielleicht ist das auch umgekehrt gemeint – aber danach hört die Fürsorge auf, und wir müssen die vierspurige Schnellstraße irgendwie lebend überqueren. Es ist Samstagmorgen und zum Glück noch kaum Verkehr – wie das zu anderen Zeiten zu schaffen ist, bleibt mir ein Rätsel.

Abendlicher Blick auf die Kathedrale von León. Der Name der Stadt leitet sich ab von der 7. römischen Legion des Augustus, später residierten hier Westgoten. Der Westgote Pelayo errang 722 den ersten Sieg über die Araber – der Beginn der Reconquista in den Bergen nördlich von León.

17 Pilgerherbergen gab es im Mittelalter in León, die berühmteste war das Kloster San Marcos. Der heute sichtbare Baukomplex stammt aus dem 16. Jahrhundert, gestiftet von den katholischen Königen. Der reiche und mächtige Orden der Santiago-Ritter hatte hier zu jener Zeit seinen Stammsitz, heute ist hier ein Parador National untergebracht, ein staatliches Luxushotel.

Rechte Seite:
Die gotische Kathedrale Santa María de la Regla von León ist für mich die schönste Kirche. Baubeginn war im 13. Jahrhundert unter König Alfons dem Weisen. Damals war León noch Hauptstadt eines Königreiches vom Atlantik bis zum Mittelmeer. Der Baumeister kam aus Frankreich, als Vorbilder benutze er die Kathedralen von Reims und St. Denis.

Im Innern der Kathedrale von León sind die meisten der alten Glasfenster erhalten – ein unglaublich schönes Wunderwerk der gotischen Glaskunst. Faszinierend, wie leicht die Wände wirken – als seien sie nur aus Fenstern zusammengesetzt. Die Leuchtkraft und die Farbenpracht des Glases geben dem Raum eine Vorstellung vom himmlischen Jerusalem.

CALLE
ESCURIAL

Linke Seite:
Am Kloster in der Innenstadt warten schon viele Pilger, denn die Herberge öffnet erst gegen 12 Uhr. Sorgfältig werden alle Daten jedes einzelnen Pilgers in ein dickes Buch eingetragen, danach gibt's den Stempel in den Pilgerpass und dann endlich ein Bett. Wieder hässliche Beton-Atmosphäre, der Schlafsaal ist eng und niedrig, heiß und stickig – das wurde meine schlimmste Nacht.

Die Casa de Botines im Zentrum von León wurde 1892 im Auftrag einer Textilhandelsgesellschaft gebaut. Architekt war der berühmte Jugendstilkünstler Antoni Gaudí.

MERCADO TRADICIONAL DE LEÓN

In der Altstadt von León ist vor dem Rathaus auf der Plaza Mayor zweimal in der Woche Markt, auf dem wunderbarer Käse und Würste angeboten werden. Da läuft wohl jedem Pilger das Wasser im Munde zusammen, nach zehn Tagen Meseta, nach zehn Tagen extremer Kargheit wird man überwältigt von dieser Fülle, den Farben, den Gerüchen.

Seite 170/171:
Wir verlassen León in der Morgendämmerung, nach dem Kloster San Marcos geht's dann erst einmal wieder kilometerlang durch Hässlichkeit. Natürlich ist das kein Problem von León – in Burgos, in Santiago, ja in den meisten europäischen Städten sieht's ja genauso aus: Warum soviel Hässlichkeit? Endlich geht's wieder raus in die Natur und wir genießen die Morgensonne, die Blumenpracht, den Vogelgesang.

Die Brücke über den Fluss Órbigo in Hospital de Órbigo ist 800 Jahre alt, mit 20 Steinbögen die längste Brücke auf dem Jakobsweg. Die Legende erzählt vom liebestollen Ritter Suero de Quiñones im Jahre 1434. Weil ihn die unerfüllte Liebe zu einer adligen Dame um den Verstand brachte, forderte er zahlreiche Ritter zum Duell auf. Sie kämpften an dieser Brücke.

Rechte Seite:
Nach Órbigo ändert sich das Landschaftsbild der endlosen Ebenen allmählich. Der Weg geht durch den kleinen Ort Santibáñez de Valdeiglesias, vorbei an Herberge und Bauernhöfen. Feldwege und Pfade ziehen sich durch eine sanft hügelige Landschaft, lichte Eichenwälder wechseln sich mit kleinen Kornfeldern ab.

Nächste Station am Weg ist Astorga. Die Hauptsehenswürdigkeiten der Stadt sind der von Antoni Gaudí gestaltete Bischofspalast und die Kathedrale Santa María (im Bild). Wer damals zu spät im Jahr ankam, musste in Astorga überwintern, da die Berge unpassierbar waren. Kirchliche Spitäler boten kostenlos Logis und Verpflegung.

Rechte Seite:
Die Kathedrale baute man ab dem 15. Jahrhundert. Mächtige Bündelpfeiler tragen das schöne gotische Gewölbe. Hier der Blick in das Hauptschiff.

Von Astorga geht es morgens um 6 Uhr wieder los, ohne Frühstück. Nach zwei Stunden taucht zwischen einigen verfallenen Häusern diese Cowboy-Bar auf. Die Wirtin ist im Stress, um alle Pilger mit Bocadillos und Café con leche zu versorgen. Die Ausstattung ist ein merkwürdiger Stil-Mix, an einer Wand hängt ein Teppich mit der Darstellung einer Pilgerfahrt nach Mekka. Und es ist ja tatsächlich so, dass alle Religionen Pilgerreisen kennen: Juden, Hindus, Buddhisten – alle pilgern zu ihren heiligen Stätten.

Rechte Seite:
Bis Rabanal del Camino kämpfen wir mit der Mühsal des Weges: es hat angefangen zu regnen, ja es gießt in Strömen und es sieht nicht so aus, als ob es je wieder aufhören wollte. Schließlich erreichen wir die Herberge, alles tropft, es gibt kaum einen trockenen Fleck.

Die ganze Nacht hat es weiter geschüttet. Vor dem nächsten Tag haben wir große Angst: eine lange Bergstrecke bis zum höchsten Punkt des Camino liegt vor uns – und das bei diesem Wetter?

Rechte Seite:
Nach zwei Stunden ist der Aufstieg fast geschafft, die Sonne bricht durch den Nebel, eine unvergessliche Stimmung entsteht. Das Dorf Foncebadón ist verlassen, nur eine kleine Herberge wird von Freiwilligen betrieben, da gab es Kaffee und Obst gegen eine Spende.

Dann endlich sind wir oben auf dem Rabanal-Pass, 1504 Meter hoch – und hier ist einer der magischsten Orte des ganzen Camino: Hier steht das Cruz de Ferro, ein kleines Eisenkreuz oben auf einem langen Baumstamm, der in einem 1000 Jahre alten Steinhaufen steckt. Nach alter Tradition bringt der Pilger einen Stein von zu Hause mit und legt ihn hier ab – für viele ein Symbol für das Ablegen einer Seelenlast. Manche beten: „Der Stein möge ein Symbol sein für das Bemühen auf meiner Pilgerschaft. O Herr, möge der Stein dereinst, wenn über die Taten meines Lebens gerichtet wird, die Waagschale zugunsten meiner guten Taten senken."

Linke Seite:
Nach dem Cruz der Ferro läuft man über einen Höhenkamm. Immer wieder öffnen sich prächtige Ausblicke in die Montes de León und die Sierra del Teleno. Violette Heide und weißer Ginster blühen, wir wandern durch einen wahren Farbenrausch.

Zwischen den Ruinen von Manjarín wird die urigste – oder die verkommendste – Herberge des Camino betrieben. Vor der Herberge steht ein kleiner Marienaltar. Als Tempelritter verkleidet erscheint der Herbergsbetreiber Tomas und zelebriert eine Messe. Laut ruft er Maria und die vier Erzengel an – aber das soll niemand fotografieren.

Linke Seite:
In der Herberge von Ponferrada ist „Gaspar“ die Attraktion. Wir sehen zu, wie seine Hufe sorgfältig gepflegt werden, dann wird der Wagen am Geschirr verzurrt und schließlich das Gepäck verstaut. Gaspar ist seit Limoges in Zentralfrankreich mit seinen beiden Herren unterwegs. Munter trabt er drauf los, bis zu 40 Kilometer geht er am Tag – wenn er will.

„Ponferrada“ heißt „Eisenbrücke“ – der Bischof von Astorga hatte den Bau im 11. Jahrhundert angeordnet für die wachsenden Pilgerströme. Den Brückenzoll erhielt der Bischof, die Herrschaft über die Stadt die Tempelritter. Der Orden war 1118 von adligen Rittern und Mönchen während der Kreuzzüge gegründet worden. Ab dem 12. Jahrhundert bauten sie diese riesige Festung.

Am Ortsausgang von Cacabelos steht ein altes Marienheiligtum, das Santuario de la Quinta Angustia.

Ein unbekannter Künstler hat in Cacabelos vor 300 Jahren etwas ganz besonderes geschaffen: ein Jesuskind, das Karten spielt. Jesus reicht dem Heiligen Antonius einen gelben Fünfer, in der anderen Hand hält er einen roten Vierer: Die fünf gelben Münzen stehen hier für das Gold aus Las Médulas, die vier roten Kelche für den Rotwein, die beiden Säulen für das Reichtum des Bierzo. Das spanische Kartenspiel sieht heute immer noch so aus wie vor 300 Jahren.

Seite 188/189:
Der Camino führt durch die Weinberge des Bierzo nach Villafranca del Bierzo. Im Tal des Río Sil sind die Böden fruchtbar, zwei hohe Bergketten bieten Schutz, es herrscht ein mildes, fast mediterranes Klima. Daher gedeihen hier Obst und Wein hervorragend. Die fruchtig-aromatischen Weine der Region genießen einen immer besseren Ruf.

Die Iglesia de Santiago in Villafranca del Bierzo stammt aus dem 12. Jahrhundert. Alle kranken Pilger, die den hohen und gefährlichen Cebreiro-Pass und die restliche Wegstrecke nicht überstanden hätten, durften ihren Weg hier beenden. Sie erhielten hier an der Tür der Jakobus-Kirche den Ablass, daher heißt sie „Puerta del Perdón".

Rechts:
Der heilige Martin auf seinem Pferd mit einem Bettler daneben krönt die Fassade des Klosters San Martiño Pinario in Santiago de Compostela.

Ganz rechts:
Der heilige Jakobus an der Puerta Santa auf der Praza da Quintana in Santiago de Compostela.

Galicien – Von O Cebreiro bis Santiago de Compostela

Grün, überbordendes Grün. Farne, Kiefern, Wiesen, Moos. In allen Facetten zeigt sich Galicien als fruchtbares Land aus Bergen und Tälern, regendurchtränkt, Kräfte raubend für Pilger. Ein zehrender Aufstieg endet auf 1300 Metern im Höhendorf O Cebreiro mit seinem winzigen Schachtelwerk aus Häusern. Gedrungen ragt der Turm der präromanischen Kirche auf, zu der einst eine Klostergemeinschaft gehörte. Im Jahre 836, kurz nach der Wiederentdeckung des Apostelgrabes, soll hier die organisierte Aufnahme von Jakobspilgern begonnen haben. Benediktiner aus der Auvergne gaben O Cebreiro internationalen Charakter, einem hochnäsigen Mönch verdanken wir die Legende vom eucharistischen Wunder. Dieses beginnt mit einem Ackersmann, der eines Tages aus dem Örtchen Barxamaior im Schneetreiben hinaufzieht zur Messe. Für den einzigen Kirchenbesucher an diesem Tag hat der Ordensmann nur Verachtung übrig. „Sieh an, das dahergelaufene Bäuerlein“, denkt er bei sich, „kommt hierhin, um ein bisschen Brot und Wein zu sehen.“ Die göttliche Lektion lässt nicht auf sich warten. Bei der Feier der Eucharistie verwandelt sich der Wein in Blut und die Hostie in Fleisch. In Erinnerung an das Mirakel sind Kelch und Hostienschale in einem Schrein ausgestellt.

151 Wegkilometer trennen O Cebreiro von der Stadt des Apostels. Unterwegs: Triacastela mit seiner Jakobuskirche, das geschichtsträchtige Kloster Samos, der Altstadtrücken von Sarria, der Stausee Belesar, die Wehrkirche von Portomarín, Palas de Rei, Arzúa, Eukalyptushaine. Endlich ist er erreicht, der Monte do Gozo, der „Berg der Freude“. Am Denkmal der jubilierenden Pilger zeichnen sich in der Ferne die Kathedraltürme ab, Santiago de Compostela liegt zum Greifen nah. Dort, wo sich einst das Stadtmauertor Porta do Camiño befand, betreten Pilger die Altstadt. Gassen, Granitarkaden, Trubel, Souvenirs, ein Schild weist auf Videoüberwachung. Rückfall in die Zivilisation. Die entbehrungsreiche Zeit ist vorbei. Über dem Hauptplatz, Praza do Obradoiro, erhebt sich die Hauptfassade der Kathedrale. Hoch oben in einem Bogen des Mittelteils heißt ein pilgernder Jakobus Wallfahrer und Besucher willkommen, unter dem Altarraum wartet sein Grab. Gläubige zieht es zur Pilgermesse, die manchmal vom Zeremoniell des Botafumeiro beschlossen wird, jenem Rauchfass, das Seilzieher im Querschiff über die Köpfe hinweg in Schwingung bringen. Mit dem Rauch, so heißt es schon in der Offenbarung des Johannes, steigen die Gebete zu Gott empor. Eine tiefe Symbolik, ein krönender Abschluss.

Jakobus, dargestellt als Matamoros in der Kathedrale von Santiago de Compostela.

GALICIA
Camiño
de
Santiago
DIPUTACION
PROVINCIAL
LUGO

Linke Seite:
Kurz vor dem Cebreiro-Pass passieren wir die Grenze nach Galicien. Die letzte zu durchwandernde Region liegt nun vor uns.

Eine halbe Stunde später sind wir endlich oben auf dem Pass. In 1300 Metern Höhe liegt das kleine Dorf O Cebreiro. Der Pfarrer von O Cebreiro, Elias Valiña, war ein Pionier des modernen Jakobsweges. In den 70er Jahren hielt er Vorträge in ganz Europa, 1984 markierte er erstmals mit gelben Pfeilen den gesamten Weg von den Pyrenäen bis Santiago.

Linke Seite:
Die strohgedeckten Hütten in O Cebreiro heißen „Pallozas“. Einst lebten hier Mensch und Vieh unter einem Dach. Die Bauform geht noch auf die Kelten zurück. Inzwischen sind die meisten dieser Hütten restauriert.

Die Herberge in O Cebreiro ist wegen Umbau geschlossen. Da es in Strömen regnet, haben wir keine Lust auf einen Stahlcontainer. Mit großem Glück finden wir ein Privatzimmer – im völlig überlaufenen Dorf. In der Bar können wir uns beim Pilgermenü endlich wieder etwas aufwärmen.

Schon im 9. Jahrhundert lebten Mönche in O Cebreiro, welche die Pilger betreuten. Die Kirche Santa María la Real ist die älteste erhaltene Kirche am Weg. Um 1300 wird von einem großen Wunder berichtet: In den Händen eines zweifelnden Mönchs verwandeln sich Brot und Wein zu Fleisch und Blut. Der romanische Kelch und die Patene sind ausgestellt und alljährlich das Ziel einer großen Wallfahrt.

Linke Seite:
Nach dem Dorf O Cebreiro läuft man noch einige Stunden über einen Höhenrücken mit dem Alto de San Roque und dem Alto do Poio. Prächtige Aussichten öffnen sich immer wieder auf die umliegenden Täler und Berge.

Der Weg führt durch kleinste Dörfer, wie hier in Padornelo. Galicien ist eine der ärmsten Regionen Spaniens, lebt überwiegend von Fischerei und Landwirtschaft. Tourismus spielt kaum eine Rolle, die Abgelegenheit und das regenreiche, wenn auch milde Klima tragen dazu bei.

Der Abstieg vom Cebreiro-Pass hat's noch einmal gewaltig in sich: 700 Höhenmeter, zwei Stunden lang geht es heftig runter.

Linke Seite:
Im Dorf Ramil steht eine über 100 Jahre alte Kastanie, bei der wir uns eine kurze Pause gönnen.

Im Ort schnitzt ein alter Bauer Pilgerstöcke – für die steilen Abstiege wirklich eine große Hilfe.

Linke Seite:
Sarria existierte schon in vorrömischer Zeit als Festung des Stammes der Seurros. König Alfons IX. gründete die Stadt neu, er starb hier 1230 auf seiner Pilgerschaft nach Santiago. Der Pilgerweg führt über diese alte Brücke und geht dann durch einen großartigen Eichenwald.

Westlich von Sarria, bei dem Dörfchen Morgade, steht der magische 100-Kilometer-Stein, an dem natürlich jeder jeden fotografiert.

RESTAURANTE PIZZERIA
SE LLEVAN MOCHILAS
TAXI
HOGAR - MENAJE - TEXTIL
ARTICULOS DE REGALO
DE TODO PARA EL PELEGRINO
SOUVENIRS
PRENSA
TABACOS

Linke Seite:
Auf den Etappen in Galicien – hier in Portomarín – steigen die Pilgerzahlen massiv an, die Herbergen werden größer, neuer, hässlicher. Manch ein Privatmann versucht da die Pilger abzuzocken – auch das hat sich seit 1000 Jahren nicht geändert.

Als man vor 50 Jahren den Río Miño aufstaute, verschwand das alte Portomarín in den Fluten – vorher aber wurde die romanische Nikolaus-Kirche Stein für Stein abgetragen und am neuen Dorfplatz wieder aufgebaut. Wunderschöne Figuren zieren das Hauptportal – man erkennt die 24 Ältesten der Apokalypse mit ihren Musikinstrumenten.

Linke Seite:
Von Portomarín starten wir in der Dämmerung, der kühle Morgennebel liegt in den Tälern, eine einmalige Stimmung macht sich breit.

„Hórreos" sind traditionelle Speicher für Mais und andere Feldfrüchte. Die Konstruktion der Ständer verhindert, dass Tiere hineingelangen, schmale Lüftungsschlitze sorgen für gute Durchlüftung, damit im feuchten Klima Nordspaniens die Früchte nicht verrotten. Das Dach zieren ein christliches Kreuz und ein heidnisches Fruchtbarkeitssymbol.

Vom tiefen Tal des Río Miño geht es noch einmal kräftig hinauf. Im Dorf Castromaior machen wir Rast, ich habe plötzlich Schmerzen im rechten Schienbein, bei jedem Schritt. Ich habe große Angst – ob das das Ende des Weges ist, so kurz vor dem Ziel? Mit einem geliehenen Gehstock humple ich weiter – und der Stock hat tatsächlich geholfen!

Der Ortsname Palas de Rei erinnert an einen längst verschwundenen Königspalast. Die staatliche Herberge im Dorf ist ziemlich verdreckt und vergammelt – und belegt. Eine private Herberge ist die Erlösung. Am nächsten Tag weist das Pilgerkreuz im winzigen Dorf San Xiao do Camiño den weiteren Weg, die romanische Kirche ist leider geschlossen.

VEDADO
DE
PESCA

Linke Seite:
Wie viele Millionen Pilger mögen schon über diese alte Brücke über den Río Furelos bei Melide gelaufen sein? Wie so viele andere stammt auch sie aus dem 12. Jahrhundert, der Blütezeit des Camino.

In der Kirche von Furelos sitzt eine junge Frau, die jeden Tag eine Pilgerstatistik macht. Etwa 300 Pilger pro Tag kommen im Mai hier durch, im Sommer sind es bis zu 800 pro Tag.

In der Kirche San Juan in Furelos entdeckten wir ein besonderes Kruzifix: Jesus reicht uns die Hand – mit der anderen stellt er die Verbindung her zum Himmel. Diese Geste macht die Hoffnung der Pilger deutlich, wozu sie all die Mühen des Weges auf sich nehmen.

Weil die Küste nicht weit ist, gibt es überall in Galicien Fisch, und eine Spezialität ist Pulpo, der Krake. Und den besten gibt es in Melide, in der Pulpería Ezechiel. Ständig ist hier ein riesiger Andrang. Drei große Töpfe stehen auf dem Feuer, darin kochte der Pulpo. Die langen Fangarme werden mit der Schere klein geschnippelt, dann kommt Olivenöl, Salz und Paprika darüber – fertig. Dazu gibt's Brot, Kartoffeln und einen jungen Weißwein vom Fass. Nach den vielen Wochen einfachstem Pilgermenü eine Sensation!

Seite 218/219:
Wir laufen in Galicien immer öfter durch Eukalyptuswälder – schnell wachsendes, billiges Holz für die Papierindustrie. Kein einziger Vogel, kein einziges Insekt lebt hier – die ätherischen Öle des Baumes haben alle vertrieben, das ökologische Gleichgewicht ist zerstört.

Linke Seite:
Morgenstimmung im Wald bei Arzúa. Nur noch wenige Kilometer sind es bis Santiago – ob der Schuhbesitzer die letzte Strecke barfuß gepilgert ist?

Fast am Ende – auch mit den Kräften. Das Erlebnis von Hilfsbereitschaft, Liebe und Mitgefühl auf dem Camino ist einmalig!

Viele Pilgerherbergen in Galicien sind staatlich, das heißt gratis, was aber auch heißt, dass sich keiner kümmert, also sind sie oft völlig verdreckt und vergammelt. Der Stimmung in der Küche tut das keinen Abbruch. Jeder trägt seinen Teil zum Festmahl bei – denn es ist der letzte Abend unserer großen Pilgerreise.

Linke Seite:
Der Tag beginnt, zur letzten Tagesetappe starten wir besonders früh. Bei Sonnenaufgang geht es wieder durch Eukalyptuswälder.

Und dann ist die Stadtgrenze von Santiago erreicht. In Lavacolla pflegten sich die Pilger früher an einem Bach zu waschen, um „sauber und wohlriechend" am Grab des Jakobus zu erscheinen – heute liegt hier der Flughafen von Santiago.

Linke Seite:
Immer mehr Pilger und Pilgergruppen vereinen sich zu einem einzigen Zug, überall spürt man die freudige Erwartung. Schließlich betreten wir die Altstadt, malerische enge Gassen führen die letzten Meter zur Kathedrale.

Und dann – endlich – sind wir da! Es ist geschafft! Wir stehen auf dem schönsten Platz der Welt, vor uns erhebt sich die mächtige Barockfassade der Kathedrale. Immer mehr Pilger treffen ein, manche stehen still und staunend, andere liegen sich lachend oder weinend in den Armen.

Linke Seite:
Wir betreten die Kirche und erblicken das nächste Wunder – das Pórtico de la Gloria. Der Apostel Jakobus empfängt uns, er sitzt auf der Mittelsäule des Portals. Die Säule verkörpert die Wurzel Jesse, neben ihm sitzen zwei Löwen mit offenen Mäulern. Seit fast 1000 Jahren legt jeder Pilger beim Eintreten seine Hand auf die Säule, berührt mit der Stirn den Kopf Jesse, manche stecken ihre Hand in die Löwenmäuler. Mit diesem magischen Ritual unterwirft sich der Gläubige dem Willen Gottes und nimmt den Segen mit, der von diesem Bildnis ausgeht.

Meister Mateo arbeitete 20 Jahre, um das schöne romanische Portal zu schaffen, 1188 war es vollendet. Unglaubliche Würde und Weisheit strahlt das Gesicht von Jakobus aus – er will der Mittler sein zwischen Gott und den Menschen. Über ihm thront Christus. Verkündet wird die Heilsbotschaft der Erlösung.

Noch ist Platz in der Kirche. Wir setzen uns hin und versuchen die Fülle von Eindrücken zu erfassen, versuchen die Gefühle zu sortieren. Wir sind müde und schweißgebadet von der Wanderung, können es einfach nicht fassen, dass wir wirklich 800 Kilometer gelaufen sind.

Rechte Seite:
Jeden Tag um 12 Uhr ist Pilgermesse, und jeden Tag wird zu Beginn des Gottesdienstes vorgelesen, welche Pilger aus welchen Ländern heute das Ziel erreicht haben. Eine Nonne mit der Stimme eines Engels singt mit uns „Großer Gott, wir loben Dich".

Zu besonderen Anlässen kommt der Botafumeiro, der riesige silberne Weihrauchkessel zum Einsatz. Mit einem ausgeklügelten Mechanismus hängt er in der Kuppel der Vierung, schon seit dem 14. Jahrhundert ist seine Verwendung bezeugt. Weihrauch wird eingefüllt auf die glühenden Kohlen, und dann setzen sieben oder acht Männer mit dem Seilzug den 50 Kilo schweren Kessel in Bewegung. Mit einem riesigen Bogen schwingt er durch die beiden großen Querschiffe über die Köpfe der Gläubigen – eine sehr beeindruckende Zeremonie.

Nach der Pilgermesse geht man zu Jakobus, um ihm Reverenz zu erweisen. Dazu müssen wir anstehen, um in die Krypta unter dem Hauptaltar zu gelangen. Dort steht der silberne Schrein mit den Reliquien des Apostels. Wer daran zweifelt, wird unverzüglich verrückt wie ein tollwütiger Hund – so warnten jedenfalls die Reliquienwächter vor 500 Jahren.

Linke Seite:
Schon der Pilgerführer Codex Calixtinus schreibt begeistert über diese Kathedrale: „In dieser Kirche ist kein Riss, kein Verderb gefunden, sie ist wunderbar gearbeitet, groß, geräumig, hell, harmonisch, gut proportioniert in Breite, Länge und Höhe, und von bewundernswerter und unbeschreibbarer Fertigung. Wer die Schiffe des Triforiums oben durchschreitet, wird, obwohl vorher traurig, glücklich und froh bei dem Anblick der prunkvollen Schönheit des Gotteshauses werden."

Über dem barocken Hauptaltar sitzt Jakobus, eine romanische Holzfigur, über und über mit Gold, Silber und Edelsteinen verziert. Über eine schmale Treppe steigt man hinter dem Altar zu ihm hoch. Nach alter Tradition umarmen und küssen Pilger die Skulptur – Abschluss und Krönung der Pilgerfahrt.

Die Orgel in der Kathedrale stammt aus dem frühen 18. Jahrhundert. Sehr dekorativ mit ihren klassischen spanischen Trompeten ist sie im zweiten Joch des Hauptschiffes eingebaut.

Rechte Seite:
In der barocken Seitenkapelle Capilla del Pilar steht das wundertätige Marienbild der Heiligen Jungfrau auf dem Pfeiler, welches von Zaragossa hierher gebracht wurde.

Die Heilige Pforte wird für Pilger nur in den Heiligen Jahren geöffnet, immer dann, wenn der Jakobustag am 25. Juli auf einen Sonntag fällt (so 2010 und 2021).

INRI

Das Südportal der Kathedrale öffnet zur Praza das Praterias, der traditionelle Platz der Silberschmiede. Hier steht der Pferdebrunnen.

Rechte Seite:
Der Kirchplatz vor der Westfassade heißt „Praza do Obradoiro", der Platz, auf dem einst die Kunsthandwerker ihre Freiluftwerkstätten betrieben. Gegenüber steht der Pazo de Raxoi. In dem Palast aus dem 18. Jahrhundert residiert heute die galicische Regionalregierung.

Linke Seite:
Ein ganz lebendiger Ort, ein kulinarisches Museum sind die Markthallen von Santiago. Diesen Mercado de Abastos gibt es seit 1873. Bei einem Bummel über den Wochenmarkt lernt man die Zutaten der galicischen Küche kennen: In den alten granitenen Hallen werden frische Meeresfrüchte, Fisch, Obst, Käse, Gebäck und natürlich auch Blumen verkauft.

Im Pórtico de la Gloria lächelt der junge Prophet Daniel besonders glücklich – ihm gegenüber steht eine junge Frau mit schönen Brüsten. Das war dem Bischof zu frivol und er ließ diese abschlagen. Die Bauern protestierten dagegen auf ihre Weise: Sie formten ihren Käse nach dem Corpus Delicti und nannten ihn „Tetilla" – „Brüstchen".

FARMACIA

Linke Seite:
1985 wurde Santiago de Compostela von der UNESCO zum Weltkulturerbe erklärt. Die harmonische Altstadt besteht fast ausschließlich aus Granit, so alt wie dieser Stein ist, so jung und quirlig ist das Leben in der Pilgerstadt.

Nach der wundersamen Wiederauffindung des Jakobus-Grabes im 9. Jahrhundert eilte der asturische König Alfons II. herbei und veranlasste den Bau einer ersten Kirche aus Stein und Lehm. Für den Bau einer zweiten Kirche verwendete man maurischen Marmor, sie wurde jedoch 997 mitsamt der Stadt unter dem maurischen Feldherrn Almanzor zerstört und geplündert. Aus den Trümmern erwuchs das neue Santiago, und die neue romanische Basilika ab 1075 – der Bau, den wir heute bewundern.

Später geht's dann noch ins Pilgerbüro um die Formalitäten zu erledigen. Zu den Stoßzeiten steht die Warteschlange bis hinunter auf die Straße. Hier im Pilgerbüro erhält man die „Compostela", die Pilgerurkunde, die kirchliche Bestätigung über die erfolgreiche Pilgerschaft. Dazu muss man mit den Stempeln im Pilgerpass nachweisen, dass man mindestens die letzten 100 Kilometer zu Fuß oder die letzten 200 Kilometer mit Fahrrad oder Pferd zurückgelegt hat.

Rechte Seite:
„Das Kapitel dieser Heiligen Apostolischen Erzbischöflichen Compostelanischen Kathedrale" bestätigt, dass der Pilger „in christlichem Sinne" und „in der Haltung der Frömmigkeit" die Kathedrale von Santiago besucht hat.

CAPITULUM hujus Almae Apostolicae et Metropolitanae Ecclesiae Compostellanae sigilli Altaris Beati Jacobi Apostoli custos, ut omnibus Fidelibus et Peregrinis ex toto terrarum Orbe, devotionis affectu vel voti causa, ad limina Apostoli Nostri Hispaniarum Patroni ac Tutelaris SANCTI JACOBI convenientibus, authenticas visitationis litteras expediat, omnibus et singulis praesentes inspecturis, notum facit:
Isoldam Braig
hoc sacratissimum Templum pietatis causa devote visitasse.
In quorum fidem praesentes litteras, sigillo ejusdem Sanctae Ecclesiae munitas, ei confero.
Datum Compostellae die 06 mensis Iunii anno Dni 2007
SIGILLUM · CAPITULI · BEATI · JACOBI · COMPOSTELLAE
Canonicus Deputatus pro Peregrinis

Nützliche Informationen

Pilgerausweis

Der Pilgerausweis berechtigt zur Übernachtung in den öffentlichen Herbergen am Jakobsweg sowie zum Erhalt der Pilgerurkunde im zentralen Pilgerbüro in Santiago de Compostela. Die Urkunde bekommt jeder, der eine zumindest teilweise christliche Gesinnung angibt und über Stempelfolgen im Pilgerausweis nachweist, dass er mindestens die letzten 100 Kilometer vor Santiago de Compostela zu Fuß bzw. die letzten 200 Kilometer per Rad zurückgelegt hat.

Den Ausweis bekommt man entweder vor Ort an relevanten Einstiegspunkten oder – mit ausreichend zeitlichem Vorlauf – bei einer der Jakobusgesellschaften. Zuständig sind unter anderem:

Die „Credencial", der Pilgerausweis, geht auf das mittelalterliche Begleitschreiben zurück, welches die Pilger als Ausweis bei sich führten. Sie berechtigt zur Übernachtung in den Pilgerherbergen und ist die Grundlage für die Ausstellung der Compostela.

Deutsche St. Jakobus-Gesellschaft
Tempelhofer Straße 21
52068 Aachen
Tel.: 02 41/47 90-1 27
Fax: 02 41/47 90-1 12
www.deutsche-jakobus-gesellschaft.de

Fränk. St. Jakobus-Gesellschaft Würzburg
Ottostraße 1 – Kilianeum
D-97070 Würzburg
www.jakobus-gesellschaften.de

St. Jakobusbruderschaft Trier
Krahnenufer 19
D-54290 Trier
Fax: 06 51/94 51-2 17
www.sjb-trier.de

Jakobusgemeinschaft Rohrdorf
St. Jakobus-Platz 3
D-83101 Rohrdorf
Tel.: 0 80 32/52 52
Fax: 0 80 32/12 16
www.jakobusgemeinschaft.de

St.-Jakobusbruderschaft Düsseldorf
Lützowstraße 245
D-42653 Solingen
Fax: 02 12/81 57 47
www.jakobusbruderschaft.de

Sankt Jakobus Bruderschaft Österreich
Stangaustraße 7
A-2392 Sulz im Wienerwald
www.jakobsbruderschaft.at

Eine gute Übersicht über die Jakobusgesellschaften und weitere Ansprechpartner findet sich im Internet unter: www.jakobus-info.de

Im Regelfall wird für Ausstellung und Versand des Pilgerpasses seitens der Gesellschaften ein kleines Entgelt erhoben.

Pilgersaison

Ideale Jahreszeiten für Pilger sind Frühjahr und Herbst. Im Sommer gilt es, sich auf starke Zuströme während der Ferienzeiten sowie die Hitze in der Meseta einzustellen. Pilgern ist zwar ganzjährig möglich, doch im Winter können manche Pilgerherbergen geschlossen und Passhöhen verschneit sein.

Glossar

Albergue de peregrinos (auch: refugio): Pilgerherberge
Alto: Anhöhe
Camino: Weg
Camino de Santiago: Jakobsweg
Capilla: Kapelle
Catedral: Kathedrale
Convento: Kloster
Credencial del peregrino: Pilgerausweis
Cruz: Kreuz
Fuente: Quelle, Brunnen
Iglesia: Kirche
Monasterio: Kloster
Monte: Berg
Peregrino: Pilger
Puente: Brücke
Puerto: Bergpass
Santiago: heiliger Jakobus
Sierra: Gebirge

Buchtipps

- Coelho, Paulo: Auf dem Jakobsweg. Diogenes.
- Drouve, Andreas: Die Wunder des heiligen Jakobus. Legenden vom Jakobsweg. Herder.
- Drouve, Andreas: Geheimnisse am Jakobsweg. Tyrolia Verlag.
- Drouve, Andreas: Lexikon des Jakobswegs. Herder.
- Drouve, Andreas: Segensworte vom Jakobsweg. Herder.
- Drouve, Andreas: Stille Winkel auf dem Jakobsweg. Verlag Ellert & Richter.
- Gertz, Kurt-Peter: Leben auf dem Weg. Ein Pilgertagebuch. Nink Verlag.
- Helmchen-Menke, Heike (Hg.): Jakobsbibel. Herder.
- Kerkeling, Hape: Ich bin dann mal weg. Malik.
- MacLaine, Shirley: Der Jakobsweg. Goldmann.
- Oelker, Petra: Tod auf dem Jakobsweg. Rowohlt.
- Schulte-Kellinghaus, Martin/Spiegelhalter, Erich/Drouve, Andreas: Abenteuer Jakobsweg. Stürtz.
- Schulte-Kellinghaus, Martin/Spiegelhalter, Erich/Drouve, Andreas: Jakobsweg. Stürtz.

Das Netz der Herbergen am Camino Francés ist dicht, sie werden meist von Kirchen, Gemeinden oder Vereinen ehrenamtlich betrieben.

N
Cabo Ortegal
Viveiro
Ferrol
Ribadeo
Luarca
Avilés
Gijón
Ribadesella
A Coruña
Pontedeume
Oviedo
Malpica
de Bergantiños
Betanzos
Villalba
ASTURIAS
Mieres
Laxe
Carballo
Cangas
del Narcea
GALICIA
Muxia
Pais del Jallas
Ordes
Santa Comba
Cordillera Cantábrica
Lugo
Cée
Santiago
de Compostela
Cerceda
Arzúa
Mellid
Palas
de Rey
Lavacolla
Leboreiro
Gonzar
Sierra de Picos de Ancares
Villablino
Sierra de Jistredo
Cabo
Finisterre
Carnota
Becerreá
La Robla
Noia
Portomarin
Sarria
Triacastela
Pedrafita
do Cebreiro
Punta
Carreiro
Padrón
Ulla
Samos
Fonfria
O Cebreiro
Toreno
CASTILLA
Sierra del Faro
Miño
Sierra del Caurel
Montes de León
La Virgen
del Camino
León
Cabo de
Corrubedo
Ribeira
Vilagarciá
Villafranca
del Bierzo
Cacabelos
Villadangos
del Páramo
Valdelafuente
Ponferrada
Molinaseca
Mansilla
de las Mulas
Cambados
Monforte
de Lemos
Sil
El Acebo
Santibáñez
de Valdeiglesias
Combarro
Pontevedra
Rabanal
del Camino
Astorga
Hospital
de Órbigo
El Burgo
Ranero
Sanxenxo
Marin
O Barco
Montañas de León
El Páramo
Sahagún
Orense
La Bañeza
Valencia
de Don Juan
Cangas
Redondela
Villada
Vigo
Sierra de la Cabrera
Porriño
Baiona
PORTUGAL
Benavente
SPA

Biarritz
Bayonne
St. Jean-de-Luz
FRANKREICH
Santander
San Sebastian
Torrelavega
Bilbao
St. Jean-Pied-de-Port
CANTABRIA
Valcarlos
P y r e n ä e n
PAIS VASCO
Roncesvalles
Erro
Zubiri
Somport-Pass
Candanchu
Pamplona
Vitoria
Sierra de Andiá
Cizur Menor
Aoitz
Canfranc
Castiello de Jaca
Monreal
Lumbier
Monasterio de Leyre
Berdun
Jaca
Cirauqui
Ucar
Estella
Puente la Reina
Aguilar de Campoo
Miranda de Ebro
Villamayor de Monjardin
Javier
Sangüesa
Embalse de Yesa
Santa Cruz de la Serós
Monasterio de la Peña
LEÓN
La Bureba
Haro
Los Arcos
Torres del Rio
Tafalla
NAVARRA
Viana
Logroño
Lodosa
Saldaña
Santo Domingo de la Calzada
Granón
Navarrete
Ebro
La Ribera
Aragón
Castillo de Loarre
Belorado
Nájera
Azofra
Villamayor del Rio
Ayerbe
Osorno
Villasandino
Tardajos
San Juan de Ortega
Espinosa del Camino
LA RIOJA
Calahorra
Villalcázar de Sirga
Hontanas
Burgos
Villafria
Torrencilla en Cameros
Arnedo
ARAGÓN
Carrión Condes
Castrojeriz
Sierra de la Demanda
Alfaro
Villoldo
Frómista
Ejea de los Caballeros
de Campos
Tudela
Lerma
Salas de los Infantes
Palencia
Arga

Impressum

Buchgestaltung
SILBERWALD – Agentur für visuelle Kommunikation, Würzburg

Karte
Fischer Kartografie, Aichach

Printed in Germany
Repro: Artilitho, Lavis-Trento, Italien
Druck und Verarbeitung:
Offizin Andersen Nexö, Leipzig

ISBN 978-3-88189-692-4

Unser gesamtes Programm finden Sie unter:
www.verlagshaus.com

Martin Schulte-Kellinghaus und **Erich Spiegelhalter** leben als freie Fotografen in Lörrach und Freiburg. Als Fotografenteam produzieren sie Diashows zu verschiedenen Reisethemen. Beide haben bereits zahlreiche Bildbände und Reportagen in Zeitschriften und Magazinen veröffentlicht, im Verlagshaus Würzburg sind von ihnen unter anderem Bücher über Frankreich, Irland und Italien erschienen.

www.schulte-kellinghaus.de
www.erich-spiegelhalter.de

Andreas Drouve, Jahrgang 1964, lebt in seiner Wahlheimat Spanien direkt am Jakobsweg. Zum Thema hat er eine ganze Reihe einschlägiger Titel verfasst, darunter „Lexikon des Jakobswegs", „Geheimnisse am Jakobsweg", „Die Wunder des heiligen Jakobus" und „Wie Jakobus nach Santiago kam". Im Verlagshaus Würzburg sind von ihm unter anderem Bildbände über Spanien, Andalusien und Gran Canaria erschienen.

www.andreas-drouve.de

Danksagung
von Martin Schulte-Kellinghaus

Ich möchte meiner Partnerin Isolde ganz herzlich danken für ihre wundervolle Begleitung auf meinem Camino.

Ich danke Ursula, Karla, Marie-Paule, Udo, Mark, Ewa, Sylvie, Heide, Barbara, Evi, Gudrun, Jean-Yves, Rita, Lucie, Ulli, Susanne, Helga, Tine, Heinz, Kenneth, Joe, Steven und Betty für unvergessliche Begegnungen.